はじめての
現場改善

First Improvement

西村 仁 著

日刊工業新聞社

JN074255

はじめに ●●●●●●●●●●●●●●●●●●●●●●●●●

● "あれっ" と思った気づきを改善に

　新入社員はまず先輩に追いつこうと精一杯なので、仕事の進め方に疑問を感じている暇はありません。やがて慣れてくるに従って周りを見る余裕もでてきます。そうすると "あれっ" と思うことが次第に増えてくるのではないでしょうか。どうしてこのやり方でやっているのだろうか、もっといい方法があるのではないだろうかといった気づきです。この気づきは現場改善の大きなテーマになります。

　一方、慣れてしまうとすべてが当たり前のことになり、気づきが少なくなってきます。その対策のひとつが知識の習得です。知識を元に筋道を立ててあるべき姿に一歩ずつ近づいていきます。これが本書の狙いになります。

● 改善と維持の二刀流

　モノづくりの進め方にはふたつの選択肢があります。いまのやり方を「そのまま続けていく」考えと、いまのやり方を「変えていこう」という考えです。どちらが良い悪いということはありませんが、この本を手にとった皆様の多くは後者の変えたい気持ちが強いと思います。

　普段感じている気づきもそうですし、不良がたびたび発生する、納期に間に合わずバタバタと忙しい状態が続く、作業者によるバラツキが大きい、在庫が多すぎる、モノが多くて何がどこにあるのかわからないといった目の前の具体的な悩みもあるのではないでしょうか。一方、これらを解決するためには何から手を付ければよいのかわからないことも少なくないと思います。

　またいまのやり方を続けることも、思っているほどやさしいことではありません。続けるための「しくみ」が無ければ徐々に悪化してしまうからです。

　本書では、今のやり方を変える「改善」と、改善により今までと違った新たなやり方を継続する「維持」のふたつの切り口で、その実践方法を紹介していきます。

● 本書が狙う現場改善のレベル

　本書ははじめて現場改善をおこなうケースや、改善活動をスタートしたがどうもうまくいかないといった悩みに対して、現場改善の基礎と実践のコツをお伝えします。

　効率のよいモノづくりのためには、まず「ムダを省く」ことに注力します。ムダをなくしたうえで、今度は「流れをつくる」ことに取り組みます。本書では前者のムダを省く改善に焦点をあてて紹介します。このムダを省く視点や方法は、わたしたちの先輩方が完成させた定番があります。これらの定番を活かして、効率のよいモノづくり現場を目指しましょう。

● 本書を読んでいただきたい方々

　これからモノづくり現場を担当する実務メンバーや改善担当者、QCサークルのリーダーを想定しています。また管理監督者の方々には自社の教育ツールとして活用してもらえればうれしく思っています。企画・開発部門を担当する方々にも、頭の中で考えたモノが実際にカタチとなるモノづくり現場を知ってもらえる機会になれば幸いです。

　本書を読むうえで、経験や事前知識は必要ありません。はじめてモノづくり現場の知識に触れる方にも、図表や事例を用いながら、わかりやすく紹介します。

● 本書の構成

　モノづくり現場の基本を習得するための基礎編と、現場改善をおこなう実践編の2部で構成しています（**図0.1**）。第1章はモノづくりの全体が見えるようにモノづくり企業に必要な強みを紹介します。第2章から第4章はモノづくりの基礎となる品質・コスト・納期（QCD）を見ていきます。第2章はモノのできばえとなる製造品質を、第3章はモノづくり現場で費やした費用となる製造原価と原価を下げるための効率を、第4章は顧客の納期を守るための生産期間と生産能力、そしてモノの流し方について解説します。

第5章からは現場改善を実践するための知識を紹介します。第5章はムダを見つける視点を、第6章で整理・整頓・清掃をあらわす3Sと品種対応の段取り作業の改善を、第7章では在庫をうまく管理する方法と設備の管理について解説します。最後の第8章は改善を進める上でのコツを、事例を踏まえながら紹介します。

　はじめて現場改善に取り組まれる方は、第1章から順に読み進めていただきたいと思います。これにより改善の全体像をつかむことができます。一方、関心のある章を抜き出して読んでも理解できるように解説しました。

図0.1　本書の構成

● 用語の定義

　モノづくりではいくつかの現場用語を用います。詳細は各章で解説しますが、全体を通じて使用する用語の定義は以下のとおりです。

▶ 管理監督者

　本文にでてくる管理監督者とは、モノづくり現場で権限を持った職制を意味します。現場改善の新たな試みをおこなう際の承認ができる方のことです。この権限は企業ごとに異なると思います。製造課長の場合もあれば係長や班長の場合もあるでしょう。そのため本書では役職名ではなく「管理監督者」とあらわします。

▶ 良品・不良品

　ISOやJISでは良品と不良品のことを「適合品・不適合品」と呼びますが、本書では長年現場で使われている「良品・不良品」の名称を用います。その発生率も「良品率・不良率」とあらわします。

▶ 原材料

　製品の元になるものを「原材料」と表記します。原材料は原料と材料を組み合わせた用語です。完成したときに原形を留めていないものが原料で、原形を留めているものが材料になります。たとえばパンの元となる小麦は原形を留めていないので原料です。一方、木造家屋の元となる木材は完成時にも木の原形を留めているので材料です。ただし原材料のコストは原材料費とは呼ばずに材料費と呼ぶのが一般的なので、本書も材料費であらわします。

▶ 仕掛品

　モノづくり現場で製造途中にあるモノを「仕掛品（しかかりひん）」とあらわします。

▶ 個別原価

　本書では製品1個当たりの製造原価を「個別原価」とあらわします。

はじめての現場改善

目次

CONTENTS

第1章

モノづくりに
必要な強み

利益を獲得する

1.1

❀ 企業の使命と利益の獲得

現場改善を学ぶうえで、はじめにモノづくり企業の使命と必要な強みについて見ておきましょう。モノづくりの全体を見渡すことが狙いです。

企業の使命は、顧客に満足してもらえる製品やサービスを提供することはもちろん、多くの利害関係者に対しても成果を出すことです。

会社を運営するお金を投資してくれた株主に対しては高い配当金や高株価を、従業員にはやりがいのある仕事内容や安定した賃金といった待遇を、取引先とは共存共栄の関係を、一般社会に対しては雇用の維持や納税といったことが求められます。

これらの使命を果たすために必要なのは利益を獲得することです。利益を得られなければ、企業として継続することが難しいからです。

❀ 入ってくるお金と出ていくお金

利益を得るためのお金の流れを見ておきましょう（**図1.1**）。企業には入ってくるお金と出ていくお金があります。入ってくるお金（入金）は、製品やサービスを提供することで顧客より頂戴する売り上げです。

この売り上げがそのまま利益になればよいのですが、出ていくお金（出金）も多くあります。原材料の購入費や従業員に支払う賃金、モノづくりに必要な作業机や治具や設備の購入費、工場の維持費、電気代、水道代などさまざまな出費があります。

この入ってくるお金と出ていくお金の差額が利益になります。逆に、入ってくるお金よりも出ていくお金の方が多ければ赤字になってしまいます。

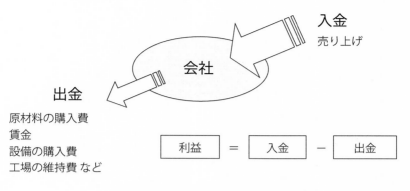

図1.1　お金の流れと利益

✽ 利益を獲得するための取り組み

　以上から、利益を得るには「入ってくるお金を増やす」だけでなく「出ていくお金を減らす」ことが必要です。入ってくるお金すなわち売り上げが増えても、それ以上に出ていくお金も増えれば利益にはつながらないからです。この出ていくお金を減らすには、効率のよいモノづくりが求められます。

　前者の入ってくるお金を増やす取り組みが「経営戦略」や「製品開発」「販売戦略（マーケティング）」になります。もう一方の出ていくお金をいかに減らすのか、すなわちいかにして効率よくつくるのかは「品質管理」や「原価管理」「生産管理」、そして「設備管理」「労務管理」「購買管理」が取り組み分野になります（**図1.2**）。

✽ 利益を獲得する３つの方策

　売り上げを増やす具体的な方策は、いまよりも「数をたくさん売ること」と「売価を上げること（値上げ）」のふたつになります。一方、出ていくお金を減らす方策は、効率よくつくることにより「コスト（費用）を下げること」です。

　利益を獲得するためのこれら３つの方策に対して、企業がもつ経営資源であるヒト・モノ・カネをどこに重点的に配分するかは、自社の戦略や世の中の動向を踏まえて経営陣が判断しています。

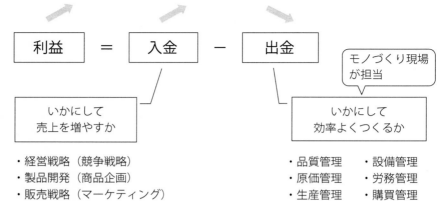

図1.2　利益を獲得する取り組み

✳ 強いモノづくり現場を目指す

　前述の3つの方策について時代背景も含めて見ておきましょう。日本の人口は2008年の1億2808万人のピークから減少傾向にあり、昔のような大量消費の時代はすでに終わっています。そのため数をたくさん売る方策は容易ではありません。次の売価を上げる方策は効果的なものの、他社との価格競争も厳しく顧客が離れるリスクがあり難しい判断になります。

　それに対してコスト（費用）を下げる方策は、顧客や世の中の動向とは関係なく、自分たちの努力により強いモノづくり現場で実現することが可能です。これを目指すのが本書の狙いである現場改善になります。

✳ 稼ぐ実力をあらわす売上高利益率

　利益を「売り上げを増やして獲得する場合」と「効率のよいモノづくりで獲得する場合」とで比べてみましょう。いまよりもさらに月々10万円の利益を得たいとします。このとき売り上げをいくら増やせば10万円の利益になるでしょうか。これには「売上高利益率」というモノサシを用います。

　売上高利益率とは、売上金額に対する利益額の割合を示したものです。たと

えば売価が1,000円で100円の利益を得ているならば、売上高利益率は10%です。すなわち利益率の数値が大きいほど効率よく稼いでいることになります。世の中の実力は千差万別なのですが、ざっくり誤解を恐れずにいうと製造業の売上高利益率の平均は約5%です。

✳ 10万円の利益を得るには

この売上高利益率の平均値5%を使って利益10万円の獲得を考えてみましょう。必要な売上金額は、10万円を利益率の5%すなわち10万円を0.05で割った200万円になります。いまよりも売り上げが月々200万円増えれば、10万円の利益を手にすることができる訳です。年間にすると12倍して2,400万円です。営業を担当したことがなくてもこの金額の大きさは実感できると思います。

これに対してモノづくり現場で不良品を削減する、作業の効率を上げる、在庫を減らすといったことで月々10万円は手に届く現実的な数字に感じるのではないでしょうか。

みなさんも自社の利益率をつかんでおいてください。世の中の平均値5%と自社の実力の2つの数字をつかんでおけば、同業や他業種との比較に便利です。利益率にはいくつかの種類があるので、本業での利益をあらわす「売上高営業利益率」が適しています。会計における利益の詳細は第3章（3.3）で紹介します。

1.2 買ってもらう強みと効率よくつくる強み

❇ 強みと弱みを知る

先に紹介した「入ってくるお金を増やし（売り上げを増やす）」「出ていくお金を減らす（効率よくつくる）」ためには、何らかの強みがなければ実現できません。それぞれどのような強みが必要なのかを見てみましょう。

これを整理しておくことで、逆に売り上げが増えない理由や効率よくつくれていない理由、すなわち弱みを明らかにすることができます。

❇ 買ってもらうための4P

製品やサービスを買ってもらうための強みは、マーケティングの「4P（ヨン・ピーと読む）」が広く知られています。4つのPは「製品（Product）」「価格（Price）」「流通（Place）」「広告宣伝（Promotion）」になります。この4つが揃ってはじめて買ってもらうことができるという考え方です（図1.3）。

1つめの製品（Product）には、顧客を魅了する性能や機能、デザイン、使いやすさが求められます。

2つめの価格（Price）は製品の魅力に対して妥当な売価設定が必要です。価格は安ければよいというものではありません。価格を下げれば利益が圧迫されるだけでなく、高級品の場合にはブランド力が下がってしまいます。高級車や高級腕時計には値引きもバーゲンもないことはよく知られています。また高額な商品の場合には、分割払いといったように支払条件が選択できることも顧客にとっては大きな魅力になります。

3つめの流通（Place）は入手のしやすさです。店舗形態や立地条件、また近年ではインターネット販売も強力な流通手段になっています。

最後の広告宣伝（Promotion）で製品の魅力を伝えます。どれほどよい製品

であっても顧客に知ってもらわなければ買ってもらえません。そこで定番のテレビCMやダイレクトメール、販売イベントに加えてSNSと呼ばれるソーシャルネットワーキングサービスを活用します。

　企業は以上の4つのPを顧客に向けて積極的に発信し、顧客はこれらを受けて購入の判断をしています。4Pと聞くと難しく感じますが、わたしたちも購入時には無意識にこの4つのPで判断をしていることがわかると思います。

図1.3　買ってもらうための4P

✳ 顧客の違いによるB to BとB to C

　製品の売り先である顧客は「企業」の場合と「個人」の場合に分かれます。売り先が企業の場合のビジネスを「B to B（ビー・ツー・ビーと読む）」といいます。これはBusiness to Businessの略で「企業対企業の取引」を意味します。それに対して一般消費者である個人相手のビジネスはBusiness to Consumerを略して「B to C（ビー・ツー・シーと読む）」といい、「企業対個人の取引」になります。

　わたしたちがテレビのCMで目にする多くはB to Cで、家電メーカーや自動車メーカー、食品メーカーの個人をターゲットにしたビジネスです。その家電メーカーや自動車メーカーは自社製品に使う原材料や部品を専門メーカーから

購入しています。すると専門メーカーにとっての顧客は家電メーカーであり自動車メーカーなのでB to Bになります。鉄鋼メーカーや電子部品メーカー、加工メーカーなどはB to Bビジネスの代表例です。

　B to C企業は自ら製品開発をおこなうのに対して、B to B企業では顧客から詳細の仕様を提示されることが一般的です。余談ですが、最近はインターネットを活用して個人が個人に売るConsumer to Consumerの「C to C」となる「個人対個人の取引」も大きな市場になってきました。

✳ 効率よくつくるためのQCD

　以上は買ってもらうための強みでした。しかし買ってもらったとしても、出ていくお金が多ければ利益を得ることができません。この出ていくお金を最小限にするためには、効率のよいモノづくりが必要です。それに必要な強みが品質・コスト・納期を意味する「QCD（キュー・シー・ディーと読む）」になります。QCDはQuality（品質）とCost（コスト）とDelivery（納期）の頭文字です。

　品質Qは図面どおりにきちんとつくることです。次のコストCはモノづくりに必要な費用を意味します。安くつくって（コストCost）、高く売る（価格Price）ことを目指します。納期Dは顧客の求めるタイミングに製品を納めることです。このようによいモノを安くつくって納期どおりに納めるQCDは、業種を問わずモノづくり現場の基本として広く知られており、顧客からは見えませんが、大切な強みになります。

　本書ではQCDをさらに具体的に「製造品質」「製造原価」「生産期間」で捉えます（図1.4）。詳細は第2章から第4章で解説するので、ここではポイントを紹介します。

✳ 品質Qは製造品質で捉える

　モノづくりでは、まず顧客に何を提供するのかを考えて（企画部や開発部が担当）、次に考えたとおりにつくり（製造部や品質管理部、生産管理部、資材

図1.4　効率よくつくるためのQCD

購買部が担当)、そして完成したものを顧客に販売する（営業部が担当）とい
う3つのステップで進みます。

　この際に、考えた内容は図面や仕様書を通してモノづくり現場に伝え、モノ
づくり現場はこの図面どおりにつくることが使命になります。このとき企画・
開発部門が考えた狙いの品質を「設計品質」、図面どおりにできたかどうかの
できばえの品質を「製造品質」といいます。このように品質は設計品質と製造
品質に分けることが大切です（**図1.5**）。モノづくり現場は後者の製造品質を担
当するので、QCDのQは製造品質と捉えます。

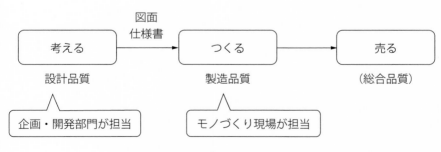

図1.5　モノづくりの流れと品質

✴ コストCは製造原価で捉える

モノをつくって販売するまでに必要とするコスト（費用）には大きく「製造原価」「販売費」「一般管理費」があります。モノづくり現場でモノをつくるのに必要とした費用が製造原価、販売に費やした費用が販売費、本社で費やした費用が一般管理費になります。

すなわちモノづくり現場が担当するコストCは製造原価となり、安いコストでつくることが使命です。

✴ 納期Dは生産期間で捉える

最後の納期Dは、顧客が希望する納期を満たすことです。ビジネスのスピードは限りなく速くなっているので、納期に間に合わなければ顧客はすぐに他社製品へ乗り換えてしまいます。そのためにも納期はとても大切な要素です。この納期は生産期間と密接な関係にあります。生産期間とは生産を開始してから完成するまでの所要時間のことで、モノづくり現場の実力をあらわします。

たとえば顧客が1週間後の納期を希望するとします。この製品の生産期間が5日以内ならば（土曜と日曜は休日として）、注文を受けてからつくりはじめても納期に間に合わせることができます。これを受注生産といいます。すなわち生産期間は短ければ短いほど、顧客の短い納期にも受注生産で対応することが可能になります。

一方、顧客の納期よりも生産期間が長い場合には注文を受けてからつくっていたのでは間に合いません。そのために注文を受ける前からつくりださなければなりません。これを見込み生産といいます。できた完成品を溜めておいて（これを完成品在庫という）、注文があればこの在庫から出荷します。

そうすると生産期間が1ヶ月であれば1ヶ月後の市場を予想し、生産期間が1週間ならば1週間後の市場を予想することになるので、生産期間が短いほど市場を予想する精度は高くなります。このように顧客の納期に応えるには、受注生産でも見込み生産でも生産期間の短さが強みになります。これらの理由からモノづくり現場では納期Dを生産期間と捉えます。

✳ 製造品質Ｑも生産期間Ｄも製造原価Ｃの削減につながる

　以上のようにモノづくり現場は「製造品質Ｑ・製造原価Ｃ・生産期間Ｄ」を担当します。ここで製造品質Ｑが向上し不良が減少すれば、製造原価Ｃを削減することができます。また生産期間Ｄを短縮することでも、その間に関わる労務費や在庫にかかるコストを削減できるので、こちらも製造原価Ｃは削減されます。図1.6において、製造品質Ｑと生産期間Ｄから真ん中の製造原価Ｃに向かって矢印が描かれているのはこうした理由からです。

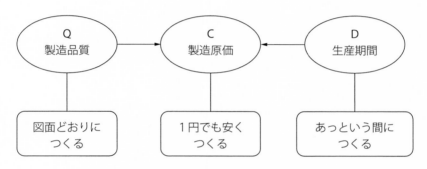

図1.6　モノづくり現場の３つの使命

✳ やわらかい言葉で伝える

　ここまで見てきたようにQCDはモノづくり現場の使命なので、モノづくりに係わるすべてのメンバーに浸透させたいものです。現場の作業者は正社員だけでなく派遣社員やパートさんもおられることと思います。こうした人たちへ伝える際に、製造品質・製造原価・生産期間といっても難しい専門用語のように聞こえてしまい、なかなか心に響きません。

　そこで製造品質は「図面どおりにつくること」、製造原価は「1円でも安くつくること」、生産期間は「あっという間につくること」といったやわらかい言葉で伝えることをお奨めします。（同図1.6）。

1.3 改善と維持の取り組み

❋ 管理は改善と維持の二刀流

ここまで紹介したQCDをそれぞれ「管理すること」について考えてみましょう。管理と聞くと「決められたルールを守る」という堅いイメージがあると思います。ルールを守り維持しなければQもCもDも徐々に悪化してしまいます。しかし実務ではこの維持だけではなく、弱点を克服したり強みをさらに高めたりする「改善」も管理に含まれます。改善をおこなうとこれまでと違った作業方法になるので、この新たな作業方法を維持します。

このように「管理=改善+維持」の二刀流で取り組みます（**図1.7**）。

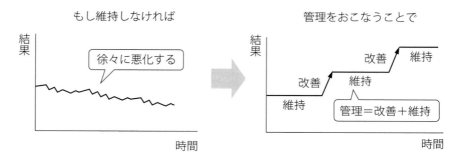

図1.7　改善と維持の二刀流

❋ QCDを管理する取り組み

製造品質Qを管理することを「品質管理」、製造原価Cを管理することを「原価管理」、生産期間Dを管理することを「生産管理」と呼んでいます。これらを担当する組織として品質管理部門や生産管理部門がありますが、原価管理を担当する原価管理部門という組織名はあまり耳にしません。原価管理は生産

管理部門が担当していることが一般的になっています。

　その他の管理には、治具や生産設備を管理する「設備管理」や、人に関する「労務管理」、原材料や半製品の購入に関する「購買管理」があります。

　これらの管理により全社的に効率化を図る取り組みを、IE（インダストリアル・エンジニアリングの略）といいます（**図1.8**）。これをアイ・イーと読み、和名では経営工学になります。またIEには狭義で、動作を細かく分析して最適化する手法の意味もあります。

管理対象	管理名称	
製造品質 Q	品質管理	本書の解説範囲
製造原価 C	原価管理	
生産期間 D	生産管理	
治具・設備	設備管理	
ヒト	労務管理	
原材料	購買管理	全社的に効率化を図る取り組みが IE

図1.8　インダストリアル・エンジニアリング（IE）

❋PDCAサイクルでQCDを高める

　現場改善はPDCAサイクルで取り組みます。PDCAとは計画（Plan）、実施（Do）、確認（Check）、処置（Action）の頭文字をとったものです。

　まず目的と目標、それを達成する方策を計画します。この計画した内容を実施して、その効果を確認します。効果があれば新たに維持するための処置として作業標準書を作成し、教育訓練によって誰もが同じように作業できる環境をつくります。目標に満たなかった場合には、その原因を調べて再度計画・実施・確認をおこないます。

　この取り組みを何度も繰り返しおこなうことで、あるべき姿へ向かいます。PDCAを繰り返すのでPDCAサイクルと呼んでいます（**図1.9**）。

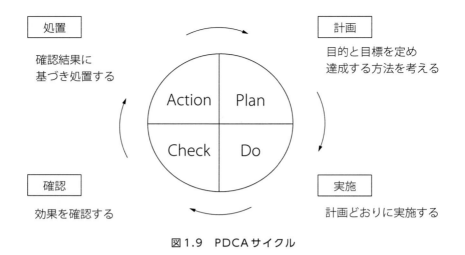

図1.9　PDCAサイクル

✳ 設計変更による改革

　その一方、何度もPDCAを繰り返すのではなく、一度で一気にあるべき姿に改善することも効果的です。しかしこのように劇的な効果を上げるには、部品形状を変える、寸法精度を変える、工法を変えるといったように設計変更が必要なケースが珍しくありません。設計にまで戻っての取り組みは改善というよりも改革のイメージが強いと思います。

　この設計変更は大きな効果が期待できるものの、再度信頼性評価が必要になり、すでに顧客承認も得られているといった状況から、途中で変えることが難しいのが実情です。そのための対応策として、設計した後に変更するのではなく、設計している段階で加工のしやすさや組立のしやすさをチェックするDR（設計審査）というしくみがあります。この詳細は第8章（8.4）で紹介します。

✳ 組織能力も必要な強みのひとつ

　ここまで企業に必要な強みとして、買ってもらうための4Pと効率よくつくるためのQCDを紹介してきました。もうひとつモノづくりに必要な強みとして「組織能力」があります（**図1.10**）。

　モノづくり企業は分業で成り立っているので、メンバー全員が同じ方向に向かって取り組むことが大切です。そこで会社の経営理念は社是や社訓で、年度ごとの目標は社長方針や部門方針で示されています。

　また組織として能力を発揮するうえで、部門内のメンバーの団結力や部門間の連携も無くてはならないものです。まさにチームワークが必要になります。その他には、技術やノウハウをきちんと蓄積していくことも組織としての大切な能力です。

　余談ですが、社会人向けの研修テーマは、社内研修や社外研修を問わず「マーケティングの4P」「モノづくり現場のQCD」「組織能力」のどれかに含まれていると思います。

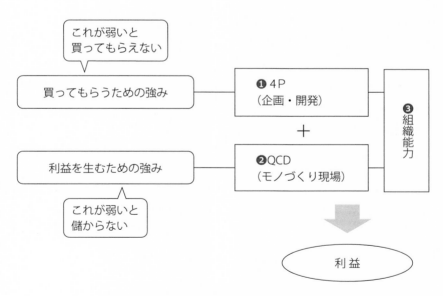

図1.10　企業に必要な3つの強み

コラム　モノづくりに必要な基礎知識

　部門を問わずモノづくりに必要な基礎知識の全体像についてお伝えします。この基礎知識は大きく「固有技術」と「管理技術」の2つに分かれます。

　固有技術は純粋にモノをつくるために必要な知識で、読図知識・材料知識・加工知識の3つになります。

　企画部や開発部が考えた内容を、モノづくり現場に伝える手段として図面を用います。図面は製造部門だけではなく、品質管理部門や資材購買や営業部門と広く読まれ、ここで読図知識が必要になります。次の材料知識は多くの原材料から「なぜこの材料が選ばれたのか」を理解するために必要な知識です。最後の加工知識は丸棒や板材といった市販形状を狙いの形状に変えるためには、工具で削るのか（切削加工）、型を使って変形させるのか（成形加工）、原材料を溶かして空洞に流し込むのか（鋳造、射出成形）といったさまざまな加工方法から、どれが最適かを知るための知識です。

　以上の3つの固有技術に対して、効率よくつくるための知識が管理技術で、これが本書で解説する品質管理・原価管理・生産管理の3つになります。

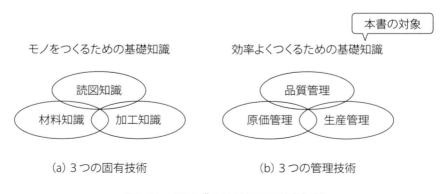

(a) 3つの固有技術　　　　(b) 3つの管理技術

図1.11　モノづくりに必要な基礎知識

第2章

製造品質

品質を管理する

❋ 品質は顧客満足度

第2章から第4章までは、製造品質Q・製造原価C・生産期間Dの詳細を順に紹介します。本章では製造品質Qについて見ていきましょう。

まず原点となる品質の定義は、JIS Q 9000の文言ではわかりにくいので、旧JIS規格を見ると「品物又はサービスが、使用目的を満たしているかどうかを決定するための評価の対象となる固有の性質・性能の全体（旧JIS Z 8101）」とあります。つまり顧客の要求を満たす程度をあらわしています。

性能や機能が高ければ品質が高いわけではなく、あくまでも顧客の使用目的すなわち要求を満たすかどうかで品質は決まることになります。ひと言でいえば「顧客満足度」です。企業が自社製品の品質はすばらしいといっても、顧客が満足しなければ品質が良いことにはなりません。

❋ モノづくりは「考えること」と「つくること」

顧客の満足を得るために、品質をふたつの視点で見ることが大切です。モノづくりでは顧客に何を提供するのかを「考えて」、考えたとおりに「つくる」という手順を踏みます。もし考えた内容が悪ければ、魅力がないので買ってもらえません。一方、考えた内容がよくても、考えたとおりにできていなければ、顧客は不満に感じます。

このように企業にとっては「考えた内容」も「つくったできばえ」もどちらにも高い質が求められます。ここで前者の質を設計品質、後者の質を製造品質といいます。やわらかい言葉を使うと、設計品質は「ねらいの品質」、製造品質は「できばえの品質」になります（**図2.1**）。

わたしたちもモノを購入する際には、カタログを見たり店頭で現物を触った

りして確かめてみます。そこで魅力に感じたならば設計品質は合格です。しかし購入して開封したらキズがついている、使っている間にネジがゆるむといった不具合があれば製造品質は悪いことになります。

　このように品質を設計品質と製造品質に分けるのには、次の理由があります。

1）果たすべき役割や責任が明確になること
2）両方の品質を兼ね備えた高い総合品質を追求できること
3）問題に対する対策が立てやすいこと

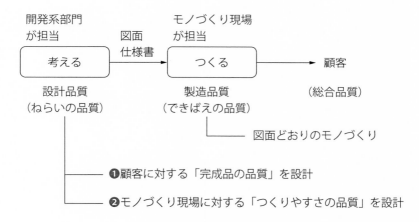

図2.1　設計品質と製造品質

✳ つくりやすさは設計品質で決まる

　設計品質は、顧客に対する「完成品の品質」に加えて、モノづくり現場に対する「つくりやすさの品質」の二面あります（同図2.1）。

　顧客に対する品質は、性能や機能やデザインや使い勝手になります。モノづくり現場に対するつくりやすさとは、加工しやすく、組立や調整がおこないやすいことです。つくりやすいほど、よいモノを・安く・納期どおりにつくることができるからです。すなわちQCDすべてに効果をもたらします。

✳ 仕事の流れと品質の分担

モノづくりの仕事の流れと品質の分担について整理しておきましょう（**図2.2**）。設計品質は、企画と開発設計で完成品の品質とつくりやすさの品質を考え、試作評価で実際に製作して評価します。問題がなければ設計完了となり、モノづくり現場に移行します。

モノづくり現場では、生産準備・量産試作・量産で製造品質を担います。生産準備で作業標準を定め、治具や設備を導入して量産の体制を整えます。量産試作は略して量試（りょうし）ともいい、完成品の品質とつくりやすさの量的評価をおこないます。量試が先の試作評価と異なるのは、量産と同じ環境下で確認する点と、評価する数量が多い点のふたつです。

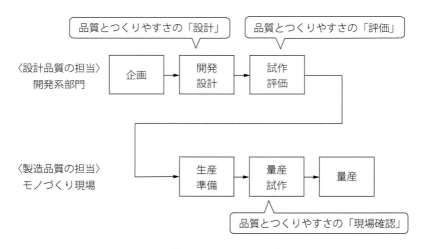

図 2.2　仕事の流れと品質の分担

✳ 現場での問題発生時の見極め

完成品とつくりやすさの設計品質は、DR（設計審査、第8章（8.4）で解説）といった第三者がチェックするしくみや試作評価で確認しますが、ここでチェックしきれなかった問題は、次のモノづくり現場で明らかになります。

　なぜこの点を強調するかというと、人は問題が判明すると「判明した場所に原因がある」と思い込むクセがあるからです。たとえばモノづくり現場で凹凸の部品同士をはめあわせる作業があるとします。本来はスキマのあるはめあいを狙ったのに、設計図面の寸法ミスでスキマがゼロになってしまったとしたら、はめあい時にこすれてキズが生じます。原因は設計ミスにも関わらず、キズが入った現場に原因があると思い込み、現場で対応策の検討をはじめてしまうことがあります。

　設計品質の問題をモノづくり現場で対応することは根本的な対策にはなりません。先の例では、キズが入らないようにゆっくりはめあわせるとか、滑りをよくするために潤滑剤を塗布するといった対策を検討することになりますが、手間もかかりコストも上昇します。この場合、本質の対策は図面寸法の修正であることは明白です。

　以上の理由からモノづくり現場で問題がみつかれば、まず設計品質の原因なのか、製造品質の原因なのかを明確に分けることがとても大事です。ただし設計品質の問題だからモノづくり現場は何もしなくてよいわけではありません。可能な限りモノづくり現場でも協力して対応しますが、組織で仕事をしている限りは責任の所在を明確にし、本来のあるべき対策をとることが大切です。

✳ 品質とコストの関係

　一般には品質が上がればコスト（費用）も上がるイメージが強いと思います。しかし今回、品質を設計品質と製造品質に分けたことで、

> ▶ 設計品質を上げれば、コスト（費用）は上がり
> ▶ 製造品質を上げると、コスト（費用）は下がる

ことになります。

　設計品質を上げると顧客を魅了するための工夫（性能、機能、デザイン、使いやすさなど）が必要なので、これをつくるためのコストは上昇しますが、こ

の上昇した分は売価に反映できるので問題ありません。

それに対して、製造品質を上げるのは図面どおりにきちんとつくることなので、不良が減少しコストは下がるわけです。コストは下がっても売価はそのままなので、下がったコスト分は利益として受け取ることができます。

品質を管理するとは

次に品質を管理することについて考えてみましょう。先ほど品質を設計品質と製造品質に分けました。ではこれらの管理をそれぞれどのように呼ぶのでしょうか。品質のあとに管理をつければ、設計品質管理と製造品質管理になりますが、実務では、

- ▶ 設計品質の管理を「製品開発」や「商品開発」
- ▶ 製造品質の管理を「品質管理」

と呼んでいます。後者の品質管理の定義も旧JIS規格を見ると「買い手の要求に合った品質の品物又はサービスを経済的に作り出すための手段の体系（旧JIS Z 8101）」となっており、効率よくつくることを意味します。

品質保証とは

家電製品やクルマには品質の保証期間があり、1年保証や3年保証となっているのを見かけます。すなわち出荷してつくり手の管理下を離れても、品質に責任をもつことになります。旧JIS規格での品質保証の定義は「消費者の要求する品質が十分に満たされていることを保証するために、生産者が行う体系的活動（旧JIS Z 8101）」となっています。このため品質保証は製造部門だけでなく、上流の設計や顧客との接点である営業部門も含めて全社で取り組みます。

品質管理と品質保証の関係は、「品質管理という手段を用いて、顧客に対して品質を保証する」という解釈がわかりやすいと思います。

製造品質の
実力をつかむ

❋ 良品と不良品

　ここでは不良品について考えていきましょう。ISOやJISでは適合品・不適合品と呼びますが、本書では長年モノづくり現場で使われている良品・不良品であらわします。

　製造品質は、設計から提示された図面や仕様書が判定基準になります。図面どおりにできていれば「良品」で、満たしていなければ「不良品」です。

　すると次の3つのパターンに分かれます。

▶ 設計品質＜製造品質　　設計品質より優れている　　良品（過剰品質）
▶ 設計品質＝製造品質　　設計品質どおり　　　　　　良品
▶ 設計品質＞製造品質　　設計品質を満たさない　　　不良品

　設計品質よりも優れていれば良品、設計品質どおりならこれも良品です。一方、設計品質を満たしていなければ不良品になります。

　たとえば旋盤で丸棒を加工するとします。図面の長さ指示50 ± 0.05 mmに対して、加工後の測定値が50 ± 0.01 mmであれば設計品質より優れているので良品、50 ± 0.05 mmは設計品質どおりで良品、しかし50 ± 0.1 mmでは公差を超えている分が不良品になります（49.95未満と50.05越えが不良品）。

❋ 過剰品質の捉え方

　通常、図面の指示よりも優れているものを過剰品質と呼んでいます。過剰な分はつくり手が無償負担しているか、もし売価に盛り込まれているならば顧客がコスト負担していることになります。どちらにしても過剰分はムダになって

いることになります。

　この過剰品質はふたつの切り口で捉えます。ひとつはモノづくり現場の実力が高い場合です。先の丸棒加工の例で、いつでも一発で±0.01 mmに加工できるならば、±0.05 mmでよいといわれても、コストも時間も削減することができません。それであれば販売戦略に活かすことが有効です。他社と同じ価格で、より高い加工精度が可能であるといったPRです。

　それに対して旋盤で±0.05 mmに加工したあとから、さらに研削加工で±0.01 mmに仕上げているのならば問題です。追加で研削加工をおこなうことになったのには、双方で何らかの経緯があったのだと思います。そこで顧客や設計者に必要な公差は±0.05 mmなのか±0.01 mmなのかを確認します。

　±0.05 mmでよいなら即座に研削加工は中止にします。もし±0.01 mmが必要との回答ならば、図面内容と違っているので図面公差を±0.05 mmから±0.01 mmに改訂してもらいます。設計を顧客が担当している場合には、最初の見積書は±0.05 mmの加工コストで発行しているため、今度は±0.01 mmに必要な研削加工のコストを加算して見積り書を再発行します。

✳ 外部不良と内部不良

　不良は外部不良と内部不良に分かれます。外部不良は、不良品が出荷され市場に出てしまったものです。クルマや家電製品のリコールはこの外部不良になります。一方、社内の検査で発見されるのが内部不良です。工程内不良とも呼び、不良品は廃棄もしくは手直しされます（図2.3）。

　外部不良は不良品が市場もしくは顧客の手に渡ってしまうので、回収や交換といった対応に多大な手間と時間を要します。また会社の信頼にも悪影響を及ぼしブランド力も低下してしまいます。

　これに対して内部不良はモノづくり現場でみつかる不良なので顧客には見えませんが、廃棄もしくは手直しにより材料費や労務費といったコストに損失が生じます。そのため内部不良は品質よりもコストの概念に近くなります。

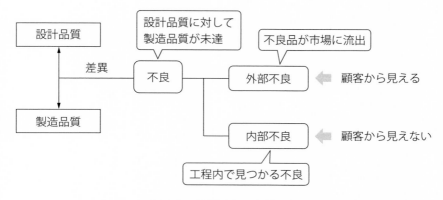

図 2.3　外部不良と内部不良

🌼 製造品質の実力を数値化する

製造品質の実力を数値化するうえで、外部不良の正確な数は顧客の申請によるクレーム件数でしか把握できません（生産履歴で推測は可能）。特に安価な製品ではすべての顧客が申し出るわけではないので把握することは容易ではありません。

もう一方の内部不良は社内で検査するので正確に実力を把握することが可能です。この指標には「良品率」「直行率」「不良率」を用いると便利です。不良品を廃棄する場合と、手直しする場合に分けて見てみましょう。

🌼 不良品を廃棄する場合の指標

不良品を廃棄する場合には、「良品率」と「不良率」を用います。

▶ 良品率＝投入数に対する良品の割合（％）

▶ 不良率＝投入数に対する不良品の割合（％）

この指標は特に問題なく理解できると思います。良品率と不良率を足せば常に100％になります（**図2.4**の**(a)**）。

(a) 不良品を廃棄する場合の事例

(b) 不良品を手直しする場合の事例

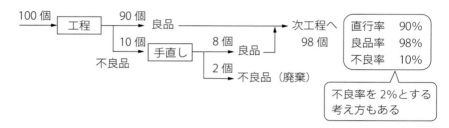

図2.4　工程の実力を数値化

☀ 不良品を手直しする場合の指標

　不良品を手直しする場合には、「良品率」と「不良率」に加えて「直行率」を用います。ここでは手直ししても良品にならなかったモノは廃棄するとします（手直しは1回のみ）（図2.4の **(b)**）。

▶ 直行率＝投入数に対して1回で良品になった割合（％）
　（手直しで良品復活した良品は含めない）
▶ 良品率＝投入数に対して次工程に流れる良品の割合（％）
　（1回で良品になった数と手直しで良品復活した数の合計）
▶ 不良率＝投入数に対して1回で不良品になった割合（％）

　もし直行率というモノサシがなければ、手直しにより良品率は高まるため、工程の実力を客観的に把握することができません。なお不良率は廃棄した数だけで算出する考え方（同図（b）の例では2個の廃棄なので不良率2％）もあるので、自社の定義はどちらを採用しているか確認してください。

❋ 不良率は累計で効く

　各工程の不良率は累計で効くので全体に大きく影響します。いま工程数が10あるとして、各工程の良品率が99％（不良率1％）とすると、最終的な良品率はいくらになるのかを見ておきましょう。不良品は廃棄するとします。

　いま1,000個投入すると、第1工程を出るときには1,000個×99％＝990個となります。第2工程を出るときには990個×99％＝980.1個です。これを繰り返すと第10工程を出るときには、良品は904.4個となり、良品率は90.4％となります。各工程の不良率は1％でも最終的には10％近くまで跳ね上がるので、累計で効くダメージの大きさを実感します。だからこそ品質改善は大きな効果を見込める活動になります。

❋ 原材料の使用効率は歩留まり

　もうひとつの指標として「歩留まり」があります。この歩留まりは原材料の使用効率をあらわすモノサシです。原材料が対象なので「材料歩留まり」ともいいます。

> ▶ 歩留まり＝原材料の投入量に対して実際に使用する割合（％）

　板金のプレス加工の例がわかりやすいと思います。鋼板から丸板を打ち抜くと、丸板と抜きカスに分かれます。この丸板と抜きカスの比率が丸板60％、抜きカス40％とすると、歩留まり60％とあらわします。この比率が高いほど材料を効率よく使用していることになります（**図2.5**）。

　プレス加工での歩留まり改善の定番は、レイアウトの最適化です。**図2.6**のように一定面積からいかに取り個数を多くするのかがポイントです。身近な例ではスーツや衣類も、ロール巻きの生地からいかに多く裁断できるかはレイアウトで決まります。歩留まりが良いほど材料費のムダは少なくてすみます。

　その他の例では、鉄鉱石から鉄を取り出す場合も、鉄鉱石の重量に対して取り出せる鉄の重量比が歩留まりになります。

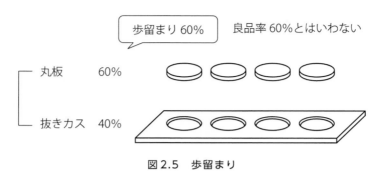

図2.5　歩留まり

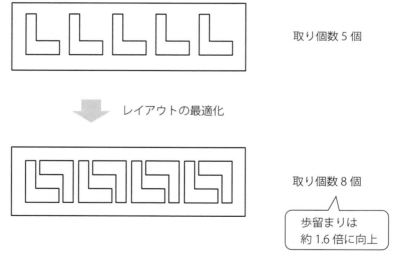

図2.6　レイアウトの最適化

2.3 検査と予防の二刀流

❋ 外部不良の大きなダメージ

外部不良は2つの大きなダメージを受けます。ひとつは不良品の回収と正規品への交換や、場合によっては賠償金といった対応に多額な費用がかかります。それに加えて会社のイメージが悪くなることから売上が減るリスクも大きくなります。すなわち出金が増えて入金が減るという、利益に反する悪影響を受けるダメージです。

もうひとつの大きなダメージは、社員の士気が下がることです。会社のブランド力が下がり、クレーム対応の業務が中心となるので、なかなか前向きに取り組むことが難しくなってしまいます。

❋ 検査と予防の二刀流

このように外部不良のダメージは大きいため、最優先の取り組みは市場に不良品を出さないことです。そのため出荷前にすべての製品を「検査」により良品と不良品とに選別して不良品を除去します。ここでは全数検査が基本です。ひとつでも不良品が流出すれば、そのひとつに当たった顧客には満足してもらえないからです。

では検査さえおこなえば問題は解決するのでしょうか。検査をしても残る課題として、以下のようなものが考えられます。

1) どんなに注意しても完全な検査は難しく、外部不良は減るがゼロは困難
2) 丁寧に検査するほど多大なコストと時間を要する
3) 選別だけではいつまでたっても不良をつくり続ける

こうした問題が残るので検査に加えて、不良そのものを発生させないための「予防」が大切になります。すなわち「検査＋予防」の二刀流です。予防が進めば内部不良が減り、内部不良が減れば当然外部不良も減少します。

　では、まず検査について考えていきましょう。

❋ 検査の３つの役割

　検査の役割をまとめると、次の３つになります（図2.7）。

1）検査基準に従って合否を判定し、不良品を除去すること。
2）検査結果を記録に残すこと。
3）検査結果を前工程にフィードバックすることで予防に役立てること。

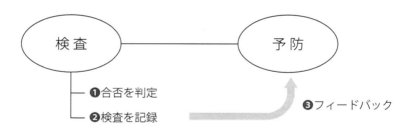

図2.7　検査と予防の二刀流

❋ 出荷検査で外部不良を防ぐ

　検査を「どこでおこなうのか」と「何個検査するのか」の二面で見ていきましょう。まずはどこでおこなうのかを場所別でみると、前工程から順に、購入した原材料や半製品を検査する「受入れ検査」、製造途中の仕掛品を検査する「工程内検査」、そして「最終検査」と「出荷検査」になります（図2.8）。

　この中でもっとも大事な検査は、最終検査と出荷検査です。完成した時点で、図面どおりにできているかを確認するのが最終検査です。最終検査後に一

旦完成品在庫となり、注文が入って出荷する際におこなうのが出荷検査です。

　出荷検査では在庫していた間にサビは発生していないか、キズは入っていないか、汚れは付いていないかを確認すると同時に、輸送中に破損しない安全な梱包となっているかを確認します。実務では最終検査と出荷検査を一本化している場合もあるので、ここでは出荷検査に統合してあらわします。この出荷検査は外部不良を食い止めるカナメとなる大切な検査です。

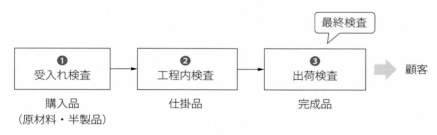

図2.8　場所別の検査方法

❋前工程の検査でムダを省く

　最後の出荷検査しかおこなわなければ、もし最初の工程で不良が発生すると、その後の工程で不良品に加工を重ねることになります。すなわちコストをかけたうえで不良となるのでコストの損失が大きくなってしまいます。

　また出荷検査で不合格になると、不良がどの工程で発生したのかを特定することも難しくなります。そこで出荷検査に加えて前工程でも検査をおこないます。これにより不良のコストを最小化すると同時に、不良が発生した工程の絞り込みを狙います。

❋受入れ検査の狙い

　購入する原材料や半製品の受入れ検査には2つのケースがあります。ひとつは購入品の品質が非常に高く、万一不良が混入していても第1工程で容易に検出できるものは、注文した「品番」と「個数」の確認だけで合否を判定しま

す。受入れ検査の負荷を減らすことが狙いです。たとえばネジを購入した時に、1本ずつネジ径を測定したりキズの有無を確認したりはしません。これはもともとネジ加工の信頼性が高いうえに、もし不良品が入っていても、ネジ締め作業時に必ず気づくからです。

　それに対してオーダー仕様のモノは、仕入先でも出荷検査をおこなうので、その検査結果を出荷検査成績書に記録して出荷品に添付してもらいます。受入れ検査では、この仕入先が作成した出荷検査成績書の結果を確認して合否判定をおこないます。これも検査の手間を省く効率の良い検査方法です。

❋ 工程変更申請とは

　また仕入先でも社内の改善活動により製法を変更する場合がでてきます。その際には黙って変更するのではなく、変更した内容を記した「工程変更申請書」と新たな製法でつくった現物を提出してもらいます。これを受けて試作評価をおこない、従来どおりの品質が確保できているかを確認したうえで、工程変更の承認をおこないます。

　これは変更後に問題が判明することを事前に防ぐしくみになります。

❋ 工程内検査の狙い

　製造途中にある仕掛品の検査を「工程内検査」といいます。各工程の間に専任の検査員を配置して検査するケースと、工程の作業者が自ら検査する自主検査があります。

　工程内検査をおこなうことで、不良による損失コストを減らすと同時に、不良の発生原因を特定しやすくなります。特に自主検査の場合にはリアルタイムな検出が可能です。「次工程はお客様」と認識し、次の工程には不良を流さないことを狙います。

❋検査個数による検査方法

次に検査個数による検査方法を見てみましょう。大きくは4つのパターンがあります。この順に以下で紹介します。

```
1) 全数検査      すべての製品を検査
2) 抜取り検査    サンプルを検査してその結果で元の合否を判断
3) 間接検査      仕入先の出荷検査成績書で判断
4) 無検査        不良ゼロの工程であれば検査は不要
```

❋基本となる全数検査

基本はすべての製品を検査する全数検査になります。顧客に1個でも不良を流せば信頼をなくすとの考え方から、外部不良ゼロを目指した理想の検査方法で、日本的品質管理の基本思想になります。

その一方、検査のコストは高くなり、検査時間も要します。この解決法として作業者自ら検査する自主検査の導入や、設備に不良検出の機能を設けることで、労務費と検査時間の削減を狙います。

❋抜取り検査とは

抜取り検査とは全数を検査するのではなく、製品の中からいくつかを取り出し（これをサンプルという）、取り出した製品の検査結果に基づいて元の集まりの合否を判定する方法です。コストや時間を要する全数検査に対して、抜取り検査は検査の効率化を狙った方法です。また検査する数を絞り込むことで、全数検査よりも多くの項目を検査することが可能になります。

全数検査と決定的に異なる点は、「不良ゼロを目指していないこと」です。不良品が次工程に流れてしまうことを容認しています。そのため重大な不良や安全を損なう不良の検査に抜取り検査は適しません。

そこで受入れ検査と工程内検査の一部を抜取り検査、その他は全数検査というように、検査効率と品質とのバランスをとったしくみを検討します。

✤ 抜取り検査の事例

抜取り検査の事例を**図2.9**で紹介します。同じ条件下でつくったモノの集まりをロットと呼びます。このロットからサンプルとして無作為に抜き出して検査します。このサンプル検査の結果、不良品が合格判定数以下の場合には、元のロットすべてを合格と判断して次工程に流し、合格判定数を超える場合にはロットは不合格と判断します。

たとえばロットが1,000個で、抜き取るサンプルの数が80個、合格判定数を2個とすると、サンプルの80個をすべて検査し、不良が2個以下の場合は、ロット1,000個を合格として次工程に流します。もしサンプル80個のうち、不良が3個以上ならば、ロット1,000個は不合格と判断します。しかし当然ながら不良と判断したロットの多くは良品なので、検査するコストよりも廃棄による損失コストの方が大きいならば、ロットの全数検査をおこない、良品のみを次工程に流します。

以上より、抜取り検査では「ロットから抜き出すサンプルの数が多いほど」また「合格判定数は少ないほど」検査の精度は向上します。これは手間をかけ

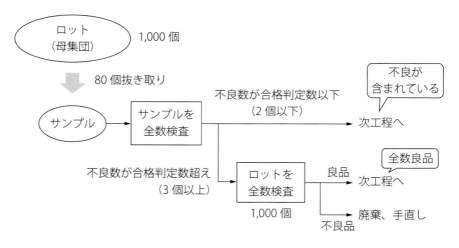

図2.9　抜取り検査の事例

るほど検出精度は高まるという当たり前のことに過ぎません。そこで統計学を用いて必要な検査精度に適したサンプル数と合格判定数を決定しています。

❋ 間接検査と無検査

間接検査は前述した出荷検査成績書のデータを見て合否を判断する方法です。仕入先でおこなった出荷検査の結果を信頼した検査方法です。

最後の無検査は、無管理状態での無検査ではなく、意図した無検査になります。不良の発生率が極めて低い場合や、次工程で検出が容易な場合、不良による影響が少ない場合の対応になります。究極の理想はこの無検査です。原材料も完璧な品質で入荷し、各工程でも絶対に不良は発生しないならば、すべての検査は不要にできるからです。そうなれば出荷検査すら必要なくなるので、そもそも品質を管理すること自体がいらなくなります。

❋ 検査のダブルチェック

この項の最後にダブルチェックを紹介します。ダブルチェックとは同じ検査を2回おこない、検査ミスを防ぐ方法です。この二重検査は検査員を変えておこなうことがポイントです。同じ人が2回おこなうと検査条件が同じなので効果が薄れてしまいます。

またダブルチェックでは、先輩が検査したものをチェックミスだと指摘しにくいという心理的な問題もあるので、熟練者に2回目の検査をおこなってもらいます。

ダブルチェックで効果があるなら3人で行うトリプルチェックはさらに検査ミスが無くなるかというとそうはなりません。前の検査員が見ているから、もしくは後ろの検査員が見てくれるからという気の緩みがどうしても生じてしまうからです。間違えが許されない薬局におけるクスリの取出し作業も2人のダブルチェックです。3人ではおこないません。3人では間違えのリスクが高まるだけでなく、検査の労力もムダになるからです。

2.4 官能検査と品質管理の生産ライン

✳ 五感で判定する官能検査

　人の五感を使って判定する方法を「官能検査」といいます（図2.10）。長さや重量は検査結果が数値化できるので明確に良品と不良品に分けることができますが、汚れや異物付着、キズ、色合いなどは数値化することが難しいので、目で見る「目視検査」をおこないます。その他でよく知られている官能検査は「打音検査」です。ネジのゆるみは、ハンマーで叩いた際の音色で判断しており、鉄道車両やバス、タクシーなどの社会インフラで採用されています。

　これら官能検査をおこなうのは、次のケースです。

1）数値化することが難しい場合
2）測定可能だが、測定器が高価であったり測定に時間を要する場合
3）測定器よりも官能検査の方が測定精度の高い場合

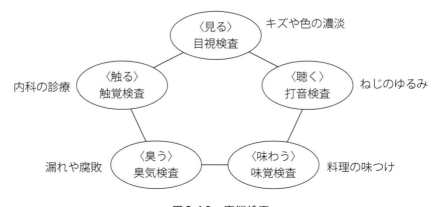

図2.10　官能検査

✳ 目視検査のバラツキ対策

　官能検査は人がおこなうために、人が変われば検査精度にバラツキが生じます。また同じ人でも体調や時間帯によって検査精度に微妙な差異が発生します。

　このバラツキを少なくする定番の方策として、

---

1) 検査方法の明確化と教育訓練
2) 検査環境の整備
3) 限度見本（限度サンプル）の活用

が有効です。これらをモノづくり現場で主となる目視検査の例で紹介します。

　1つめの検査方法は、製品のどの箇所をどのように見るのかを明らかにします。1個ずつ見るものもあれば、紙やシートのように束ねてパラパラ漫画のように連続で見た方が格段に検出精度が上がるケースもあります。また製品と目との距離を決めることも検出精度を一定にするために必要なことです。距離は近ければよいということでもありません。こうした検査方法を明確にしたうえで、作業者に教育訓練をおこないます。

　2つめの検査環境の整備も大切です。照明の明るさや照明が当たる角度や背景色は見やすさに大きく影響します。また作業机や椅子の高さも最適化して、疲れにより検査結果に差異が生じることを防ぎます。気が散らないように静かな環境も必要です。顕微鏡を使った検査では眼精疲労や顕微鏡酔いという酔った状態になるので、一定時間ごとの休憩も必要になります。

　3つめの限度見本の活用も効果的です。習熟しても判定に悩むことはあります。その際には管理監督者に判断を仰ぐことも一手ですが、できるだけ作業者自身で判断できるように良品と不良品の境界レベルのサンプルを設置して、迷ったらこのサンプルを見ながら判断します。このサンプルを限度見本や限度サンプルと呼んでいます。

　以上の3つの方策により判定にバラツキが生じるグレーゾーンを最小化して検出精度を高めます。

❋ 目視検査のあやうい基準

目視検査した箇所で外部不良が発生すると、検査の基準が厳しくなる傾向があります。数値で判断できる検査項目であれば、外部不良が発生したからといって判定基準そのものが変わることはありませんが、官能検査は数値化できないので判定基準自体が変わってしまうのです。

多くの顧客に出荷している製品の場合で、1社からのクレームにより判定基準が厳しくなると、この1社以外の顧客向けは過剰品質になってしまいます。そこで過去の外部不良を調べて、クレームが発生している顧客が特定されるのであれば、判定基準を高品質レベルと一般レベルに分けることも一手です。判断に迷うグレーゾーンの場合に、高品質レベルの顧客向けは不良と判断し、一般レベルの顧客向けは合格と判断する方法です（**図2.11**）。

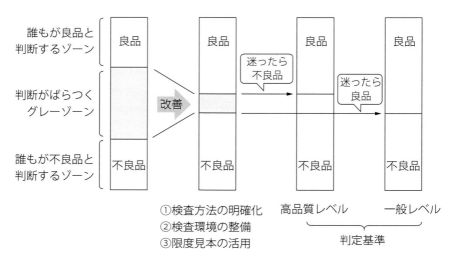

図2.11　目視検査のバラツキ対策の事例

✳検査と予防を組み込んだ生産ライン

この章の最後に6つの生産ラインを紹介します。①から順に⑥に向かって理想の生産ラインになっています。ご自身が担当するラインがどのレベルにあるのかを意識しながら見てください。

①～③は検査のみの生産ライン（**図2.12**）、④～⑥は検査と予防の二刀流の生産ラインです（**図2.13**）。

①無検査の生産ライン（検査なし）

検査がまったくないライン。不良が発生すればすべて外部不良として市場に流出するので、このラインは現実的ではない。

②出荷検査のみの生産ライン（検査のみ）

外部不良を防ぐ出荷検査をおこなうが、完成品の検査だけなので不良のロスが大きい。

③受入れ検査と工程内検査もおこなう生産ライン（検査のみ）

出荷検査に加えて前工程でも検査をおこなうことで、不良のロスを最小化。しかし検査だけなので不良はつくり続ける。

④検査結果を前工程にフィードバックする生産ライン（検査＋予防）

検査に加えて予防をおこなうライン。検査で得られた情報を前工程に流すことで、発生箇所を特定して対策を実施。

⑤作業者が自主検査する生産ライン（検査＋予防）

専任の検査員ではなく作業者が自ら検査することで、不良原因の特定を瞬時におこなうことを狙う。次工程はお客様を意識したライン。

⑥不良予防を組み込んだ生産ライン（検査＋予防）

人のうっかりミスを防ぐポカヨケの導入や、不良を自動検出して瞬時に停止させる機能、安全を確保するためのフェールセーフ機能を搭載。ポカヨケとフェールセーフについては第5章（5.3）と第8章（8.6）で紹介します。

①無検査の生産ライン

●検査コストはゼロだが、不良が発生するとすべて外部不良として顧客に流れてしまう
●すべての工程が不良ゼロであれば成立するが、現実的には考えにくい

②出荷検査のみの生産ライン

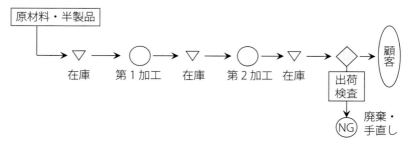

●不良は工程内すべての付加価値をつけてから廃棄されるため、コストの損失が大きい
●選別だけなので、発生する不良は減らない（永遠に不良をつくり続ける）

③受入れ検査と工程内検査もおこなう生産ライン

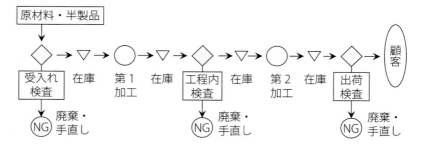

●受入れと工程内でも検査をおこなうため、不良品に付加価値をつけるムダは減る
●このラインも選別作業だけなので、発生する不良は減らない

図2.12　検査を組み込んだ生産ライン

④検査結果を前工程にフィードバックする生産ライン

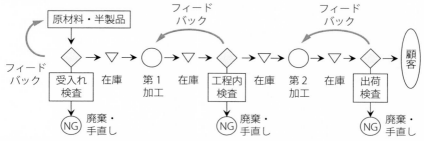

●検査に加えて、予防をおこなう生産ライン
●検査結果を前工程にフィードバックすることで不良削減の取り組みをおこなう

⑤作業者が自主検査する生産ライン

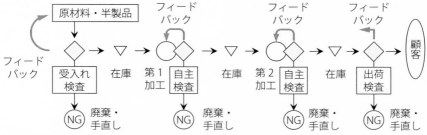

●作業者が自ら検査をおこなうことで、問題を最短で発見できる
●自身で検査することにより、責任感やモチベーションが高まる

⑥不良予防を組み込んだ生産ライン

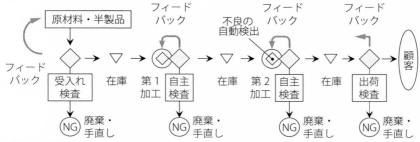

●ポカヨケ導入によるうっかりミスの防止
●不良を自動検出＆自動停止する機能と、安全を確保するフェールセーフ設計

図2.13　検査と予防を組み込んだ生産ライン

コラム　品質管理部門の役割とQC検定のレベル

　品質管理部門の役割について考えてみたいと思います。品質管理の柱となる検査と予防の「しくみをつくること」が品質管理部門の役割になります。このしくみづくりとは、生産ラインに検査と予防をどのように組み込むかを検討し、その運用方法を決めることです。品質管理部門のメンバー自身が直接不良対策をおこなうことが主業務ではありません。これをおこなうと本来のしくみづくりに手が回らなくなってしまうからです。

　そこで不良対策は、第8章（8.1）で紹介するように、現場担当者を中心としたチームで取り組みます。改善の方向性は品質管理部門が示し、実行部隊は現場担当者という役割分担です。

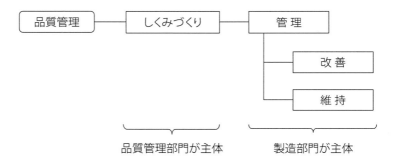

図　2.14品質管理部門の役割

　また品質管理の知識を広げるうえで、QC検定（品質管理検定）への挑戦は効果的だと思います。1級から4級まであり、この中では3級がお奨めです。バランスよく出題されており、とても実践的で品質改善の取り組みに役立ちます。

　一方、2級になると検定・推定、相関分析、回帰分析、実験計画法といった統計学が出題項目に加わります。これらは一般的な品質改善での使用頻度は極めて低いので、目指すのであれば3級で十分だと思います。

第3章

製造原価と効率

モノづくりに
必要なコスト

❋ 原価の全体像をつかむ

　本章ではQCDの2つめの製造原価Cについて見ていきましょう。原価と聞くと簿記や財務の専門知識といったイメージがありますが、原価を明らかにする原価計算は特別なデータを用いるわけではなく、作業人数や作業時間、良品率といった普段用いているデータを金額に換算する方法に過ぎません。安くつくるための原価知識は限られるので順を追って紹介します。

　第1章で入ってくるお金（入金）と出ていくお金（出金）の話をしました。ここでは出ていくお金に焦点を当てます。出ていくお金には「本業のモノづくりに関する出費」と「本業以外の出費」があります。本業以外の出費とは借入金への支払い利息や雑損失などになります。前者の本業のモノづくりの出費を「総原価」といい、現場改善はこの総原価に注目します（**図3.1**）。

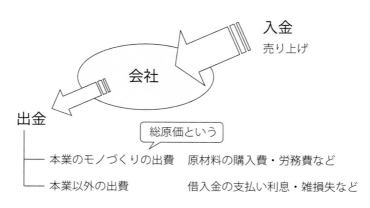

図 3.1　本業と本業以外の出費

✳️ 総原価は３つのコスト合計

本業のモノづくりにおける出費の総額となる総原価は、「製造のコスト」と「販売のコスト」と「本社のコスト」の３つの合計になります（**図3.2**）。

製造のコストはモノづくり現場で純粋にそのモノをつくるのに必要とした費用です。材料費や労務費、設備の使用コストなどが該当します。

次の販売のコストは営業活動に必要とした費用です。営業担当者の人件費や出張旅費、ホームページの運営費、テレビCMや折り込みチラシといった費用になります。

本社のコストは、本社機能で費やされる費用です。本社では直接モノをつくっているわけではありませんが、会社が取り組む事業を検討する企画部門や、新しい技術を開発する開発部門、お金の流れを明らかにする経理部門、組織を最適化する人事部門、事務系を担う総務部門が会社を支えています。ここで費やされる人件費といった費用が本社のコストになります。

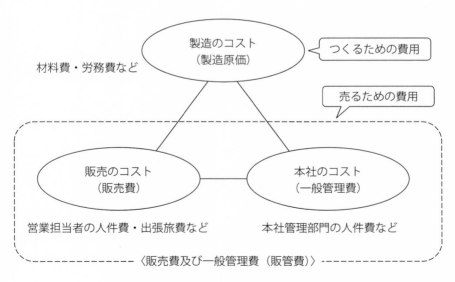

図3.2　総原価は３つのコスト合計

✳ 製造原価と販売費と一般管理費

　会計用語では、先に見た製造のコストを「製造原価」、販売のコストを「販売費」、本社のコストを「一般管理費」といいます。実務では便宜上、販売費と一般管理費のふたつをまとめて「販売費及び一般管理費」とあらわし、短く省略して「販管費（はんかんひ）」と呼びます。

　ざっくりとイメージするならば、製造原価は「つくるために費やした費用」で、販売費及び一般管理費（販管費）は「売るために費やした費用」と見れば理解しやすいと思います（同図3.2）。

　第1章で紹介したＢ to ＢとＢ to Ｃビジネスでは、この製造原価と販管費の比率がずいぶんと異なります。企業対企業のＢ to Ｂビジネスでは顧客は絞られるので販管費の比率が小さいのに対して、企業対個人のＢ to Ｃビジネスの場合には一般消費者に広く告知するための販売費がかかるため販管費の比率が大きくなる傾向があります。

　上場企業ではここで紹介した製造原価と販管費が年に4回公表されています。決算書の中の損益計算書に記載されている「売上原価」と「販売費及び一般管理費」で、ここでいう売上原価とは、売れた分の製造原価のことです。身近な企業のホームページで確認してみてください。

✳ 1個当たりの製造原価で把握する

　損益計算書に記載の「売上原価（売れた分の製造原価）」と「販売費及び一般管理費」は、企業が扱っているすべての製品の1年間（中間決算なら半年間）の合計額となっています。この情報により企業の収益性を客観的に把握することができます。

　それに対して、現場改善では対象とする製品を1個当たりの製造原価で把握することが大切です。本書ではこの1個当たりの製造原価を「個別原価」とあらわします。現状の個別原価を把握することで、改善の目標値設定や改善後の実績把握も容易になります。では個別原価の中身を見てみましょう。

✤ 個別原価を4つに分類する

個別原価の内訳を「材料費」「労務費」「減価償却費」「その他経費」の4分類で見ていきましょう（**図3.3**）。会計ではこの分類を勘定科目といいます。

材料費は購入した原材料や半製品の費用になります。半製品とは製造途中の製品のことです。半製品を使えば製造の一部はすでに完了しているので、残りを製造すれば完成品となります。すなわち原材料の場合は一からつくるのに対して、半製品の場合には途中からつくることになります。

次の労務費は現場に係わる作業者や作業者をサポートする管理監督者の人件費、また資材購買部門や生産管理部門の人件費です。人件費は給与だけでなく賞与や社会保険として会社が支払っている費用を含みます。こうしたモノづくり現場に係わる人件費のことを労務費といいます。

減価償却費（げんかしょうきゃくひ）はモノづくりに使用する治具や設備の使用コストのことで、最後の「その他経費」は電気代や水道代、賃貸料といった工場運営にかかる費用などになります。

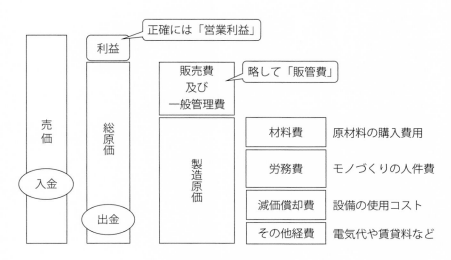

図3.3　原価を分解する

1個当たりの製造原価をつかむ

❋ 個別原価の算出は自社ルール

個別原価の勘定科目や算出方法に決まったルールはなく、自社に合わせたルールで算出します。ここでは一般的な考え方を紹介します。

原価計算ではどの製品にどれだけ費やしたかを分けることができるコストと、簡単には分けられないコストがあります。たとえば作業者の労務費は製品ごとに分けやすいのですが、作業者をサポートする管理監督者や資材購買部門の労務費を製品ごとに分けることは極めて難しいうえに、実績を把握しようとしても容易ではありません。

このように不明確な点があるので、原価計算は手間をかけるほど原価の正確性は高まるものの、計算の作業負荷がかかります。そのため実務ではこの「原価の正確性」と「原価を管理する作業負荷」とのバランスをとったルールで運用しています。

ではここから、各勘定科目の「材料費」「労務費」「減価償却費」「その他経費」を算出する事例を紹介します。

❋ 材料費の算出例

まず材料費から見てみましょう。材料費は勘定科目の中で一番わかりやすく、計算しやすいコストです。料理でいうところのレシピを元にして、材料単価に使用量を掛けて材料費を算出します。

▶ 材料費（円／個）＝材料単価（円／単位）×使用量（単位／個）

上式内に記載の「単位」は個数や重さになります。

　また加工で使用する切削油、ウエス、サンドペーパー、安価な消耗工具といった費用も材料費になります。これらのコストは各製品に割り振ることが難しいので、後述する比例配分により算出します。これらが他のコストに対して比率が低いようなら、はじめは試算から除外しても問題ありません。

　なお不良品が発生する場合には、不良分を良品率で割って補正する必要があります。この補正はすべての勘定科目に関係するので本章の最後に紹介します。

✳ 労務費の算出例

　労務費は必要とする作業工数（時間）を金額（円）へ換算する必要があります。そこで「レート×時間」で計算します。レートとは時間当たりのコストを意味し、レートに所要時間を掛けることで労務費を算出します（**図3.4**）。

> ▶ 労務費（円／個）＝労務費レート（円／時間）×作業工数（時間／個）

　ここでは単位を「1時間当たり」としていますが、「1分当たり」でも問題ありません。使いやすい単位を選択します。次にこの式の労務費レートと作業工数について見ていきましょう。

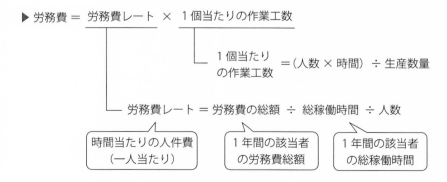

図3.4　労務費の算出例

❊ 労務費レートとは

　労務費レートは賃率ともいい、時間当たりの労務費（一人当たり）をあらわします。この労務費レートはモノづくり現場の担当者の平均賃金から算出しています。モノづくり現場には若手社員もいれば年長者もいます。作業者ごとに賃金は異なるので、同じ製品でも若手社員が作業した際の労務費と、年長者が作業した際の労務費は異なってきます。しかし同じ製品でありながら原価が異なることは客観的に把握するには不便なので平均値を用います。

　会社がモノづくり現場の担当者に対して給与・賞与・社会保険などに支払った総額（たとえば1年間の実績値）を稼働時間と人数で割ることで、時間当たりの労務費レートを出しています。

▶ 労務費レート（円／時間）
　＝会社全体で支払う労務費の総額(円)÷総稼働時間(時間)÷人数

　この労務費レートは企業ごとに異なりますが、一般的には正社員では3,000円〜4,000円／時間、派遣社員では2,000円前後／時間のレベル（本人に支払われる金額に管理費が加わる）だと思います。この労務費レートは現場改善で費用対効果を検証する際にも必須の情報になるので、ぜひご自身の現場の労務費レートをつかんでおいてください。

❊ 作業工数と労務費の算出例

　労務費レートの次に作業工数について説明します。作業工数は単に工数ともいい、作業時間の総量をあらわしたもので「人数×時間」で算出します。

▶ 作業工数＝人数×時間

　たとえば作業工数「2人・時間（にんじかん）」は1人で作業すると2時間かかる作業量、もしくは1時間で終わらせるには2人必要であることを意味しま

す。いまは1個当たりの製造原価を求めたいので、1個つくるための作業工数
は「人数×時間」の実績を、生産した数量で割ったものになります。

> ▶ 1個当たりの作業工数＝（人数×時間）÷生産数量

　たとえばある工程の作業において、作業者4名、1日8時間で、1日100個つ
くれるならば、1個当たりの作業工数＝4名×8時間÷100個＝0.32人・時間／
個になります。仮に労務費レートが3,500円／時間とすると、製品1個当たりの
労務費は、「労務費レート×1個当たりの作業工数」より、3,500円／時間×0.32
人・時間／個＝1,120円／個　になります。
　（正確にいえば労務費レートの単位は1人当たりなので「円／人・時間」）

❁ 減価償却費とは
　3つめの減価償却費を見てみましょう。一見難しく感じますが、モノづくり
現場で使用している治具や設備の使用コストです。設備の購入では数百万円、
数千万円と高額になることも珍しくありません。この購入金額を製造原価に含
めて回収しなければなりません。このコストが減価償却費になります。
　たとえば人の作業に変わって設備を導入してコストダウンを図る場合（これ
を省人化という）は、減価償却費が新たに加わりますが、この増加コスト以上
に労務費が下がるので投資効果が期待できるわけです。すなわち省人化のため
の設備導入は「減価償却費の増加分＜労務費の削減分」が条件になります。

❁ 専用機の減価償却費
　治具や設備の使用コストをどのように算出するかを、1品種限定の生産に使
用する「専用機」の場合と、複数の品種を生産する「汎用機」の場合の2つの
ケースで紹介します。
　専用機の場合には、設備価格を総生産数で割れば、1個当たりの使用コスト
を一発で算出することができます。

> ▶ 減価償却費(円/個)＝設備価格(円)÷(耐用年数×年間生産数(個))

　設備価格は見積書から入手できる情報ですが、(耐用年数×年間生産量)の総生産数はこの時点ではわからないので推定値になります。(**図3.5の (a)**)

　たとえば設備価格が1,200万円で、使用期間である耐用年数を5年、年間生産数を10万個とすると、1,200万円÷(5年×10万個/年)＝24円/個が減価償却費になり、1個当たりの使用コストは24円になります。

✳ 汎用機の減価償却費

　汎用機の場合には何種類かの品種が流れます。1個当たりの操業時間が同じならば上述の専用機の計算式を使いますが、品種ごとに設備の操業時間が異なる場合には、操業時間を金額へ換算する必要があります。たとえば乾燥炉の使用で品種により乾燥時間が異なる場合などです。

　そこで労務費の算出と同じように「レート×時間」で計算します。

> ▶ 減価償却費(円/個)＝設備費レート(円/時間)×操業時間(時間/個)

　1時間当たりの使用コストをあらわす設備費レートは、設備価格を総操業時間の(耐用年数×年間操業時間)で割った数値になります(同図3.5の **(b)**)。

> ▶ 設備費レート(円/時間)＝設備価格(円)÷(耐用年数×年間操業時間)

　仮に設備価格1,200万円で、耐用年数5年、年間操業時間を1,600時間とすると、設備費レートは、1,200万円÷(5年×1,600時間)＝1,500円/時間になります。1時間当たり1,500円の使用コストなので、もし1個当たり20分操業する場合の減価償却費は、設備費レート1,500円/時間×操業時間20分÷60分＝500円です。この事例の年間操業時間1,600時間は、仮に460分/日×22日/月×12ヶ月×稼働率(操業度)80%≒1,600時間/年としています。

(a) 専用機の減価償却費

▶減価償却費＝設備価格 ÷ (耐用年数 × 年間生産数)

推定値 (総生産数)

(b) 汎用機の減価償却費

▶減価償却費＝設備費レート × 操業時間

設備費レート＝設備価格 ÷ (耐用年数 × 年間操業時間)

推定値 (総操業時間)

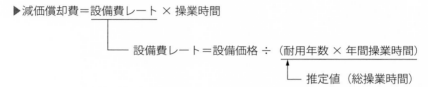

図 3.5　減価償却費の算出例

✿ 設備の耐用年数の考え方

　後述する財務会計では、設備を使用する耐用年数は省令により定められています。設備の種類により異なりますが、おおむね10年前後の法定耐用年数になっています。

　一方、個別原価を算出する際には、生産する製品寿命の実態に合わせた耐用年数を用います。たとえば省令では10年になっているものでも、必要ならば5年や7年で原価計算をおこないます。もし耐用年数に至らずに生産が終わってしまえば、投資した金額を回収できなくなるからです。

✿ 償却が終わると減価償却費は利益になる

　上記の例では、耐用年数5年×1,600時間/年の計8,000時間使用した時点で設備の購入費用を回収できたことになります (金利などはここでは省く)。しかし実際には設備の保全をおこなっているので8,000時間を過ぎても問題なく生産ができると思います。そうすると8,000時間を超えた時点で500円/個の減価償却費はゼロとなり、この500円/個は利益に加算されます。

　償却を終えた古い設備を使っていると時代遅れのような錯覚を抱きますが、決してそうではなく利益に大きく貢献しているのです。

✳️ 直接費と間接費とは

　ここまで紹介してきた事例は、どの製品に費やしているかが明確な費用なので「直接費」といいます。一方、どの製品にどれだけ費やされているかが明確でない費用を「間接費」といいます（**図3.6**）。この分類を用いると、材料費は「直接材料費」「間接材料費」、労務費は「直接労務費」「間接労務費」に分けることができます。

　たとえば材料費では、製品に使われている材料は直接材料費で、切削油やウエスといった費用は製品ごとに分けにくいので間接材料費になります。労務費も同じ考え方で、作業者の労務費は直接労務費で、作業者をサポートする管理監督者や資材購買部門の方々の労務費は間接労務費になります。勘定科目の「その他経費」は工場全体で発生している電気代や賃貸料が多いのでこれらも多くは間接費になると思います。

　この間接費の計算は、比例配分により各製品に費用を割り振るのが便利です。その算出例を次の「その他経費」で紹介します。

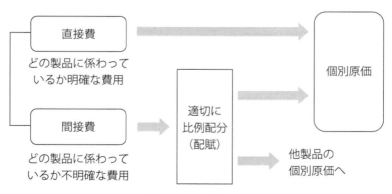

図3.6　直接費と間接費

❋ その他経費の算出例

　勘定科目の最後の「その他経費」は、多くの場合製造原価に占める比率は大きくないので、それほど厳密に計算する必要はありません。特に電気代や水道代といった費用は工場全体での金額しかわからないので、製品ごとの原価は不明確です。そこで「基準となる数量に比例した割合で割り振る」すなわち比例配分をおこないます。これを配賦（はいふ）といいます。

　たとえば工場全体の一か月間の電気代が100万円だった場合、A製品、B製品、C製品の生産数に比例した割合で割り振ります。その月の生産数の比率が50％：30％：20％だとするとA製品の電気代は100万円の50％で50万円かかったとみて、これをさらにA製品の月間生産数で割ればA製品1個当たりの電気代を算出することができます。この配分は正確ではないものの、ある程度の根拠のあるコストになります（図3.7）。

　比例配分において基準となる数は、この例の生産数量のほかに、売り上げ金額や部門の従業員数、工程の専有面積、設備の操業時間などから関連性の高いものを選択します。

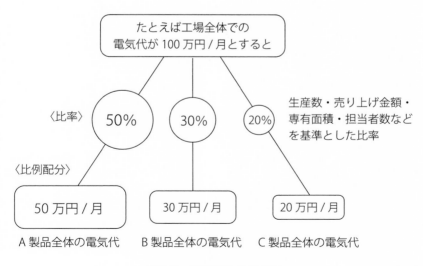

図3.7　比例配分の考え方

✳ 個別原価の活用

　ここまで事例を含めて紹介してきた1個当たりの製造原価（個別原価）がわかれば、以下に示すように広い範囲での活用が可能になります。

1）原価の実績把握と目標値の設定

　現状把握と適正利益を得るための目標値の明確化

2）現場改善による効率向上の取り組み

　改善ターゲットの抽出と改善効果の予測

3）設備の投資経済性評価

　「減価償却費の増加分＜労務費の削減分」でコストダウン効果（省人化）

4）製品別利益率の把握

　何が儲かって何が儲かっていないかの分析

5）売価の適性判断

　適正な利益率が得られているかの判断

6）見積り精度の向上

　類似品であれば実績原価が参考値

7）原材料や半製品の購買戦略

　原価比率の高い購入品の値引き交渉など

8）営業活動での販売戦略

　利益率の高い製品の集中販売や値引き可能性の判断材料

✳ 簡単な費用対効果の検証

　設備のように数百万円、数千万円の費用がかかる場合には、先に紹介したように耐用年数を想定して投資効果を検証しますが、現場改善で必要となる費用はそれほど大きくないと思います。数千円や数万円、多くても数十万円レベルではないでしょうか。その場合の投資効果は、「どれくらいの期間で投資額を回収できるのか」で判断すると便利です。

　段取り時間短縮の改善事例で見てみましょう。いま1万8千円の改造費用で、現状の段取り時間5分／回を2分／回に短縮するとします。すなわち削減効

果は1回当たり3分で、段取り回数が1日に4回あれば、12分/日の削減効果になります。この効果に対して1万8千円の費用対効果を検証します。

削減効果の12分/日と改造費用1万8千円を比較するため、単位を「円」に揃える必要があります。そこで先に紹介した労務費レート（賃率）を用います。いま労務費レートが4,000円/時間とすると、削減効果の12分/日＝4,000円/時間×（12分÷60分）＝800円/日となります。1万8千円の投資で1日800円の労務費削減が可能になる訳です。

この1万8千円の回収期間を計算すると、18,000円÷800円/日≒22.5日となり約1か月で回収できることがわかります。1か月の回収後は毎日コンスタントに800円のコストダウン効果を得ることができます。

言うまでもないことですが、短縮できた1日12分は他の作業をおこなうことが大前提です。時間短縮できても、何もすることがなくて手待ちになるのなら、1万8千円を投資する意味がありません。

❊ 固定費と変動費

この項の最後に、コストのもうひとつの区分として「固定費」と「変動費」を参考までに紹介します。固定費とは生産量と関係なく生じる費用、変動費は生産量に比例して生じる費用です。

クルマの維持費で例えると、固定費は自動車税や任意保険代、駐車場代になります。これらは走行距離を問わず発生する費用です。一方、走行距離に応じて発生するガソリン代は変動費になります。

たくさんつくるほどコストは下がることを量産効果や「規模の経済」といい、その理由をこの固定費と変動費を用いて次の第4章（4.3）で解説します。

3つの会計について

✳ 報告義務のある財務会計と税務会計

　原価の最後に会計について紹介します。会計とはお金の流れをあらわす行為をいいます。会計には「財務会計」「税務会計」「管理会計」の3つの種類があり、目的によって使い分けています（**図3.8**）。

　財務会計は外部の利害関係者（株主や債権者、取引先など）へ経営成績と財務状況を報告することが目的で、損益計算書や貸借対照表といった決算書が提出されます。上場企業は四半期（3か月）ごとの報告が義務付けられているので、各企業のホームページから誰でも見ることができます。

　次の税務会計は、法人税などを計算するための会計です。法人税のほかに法人事業税や法人住民税などがあり、法人税法などに従って算出します。課税される所得額（ざっくりいえば利益）に対して約30%の税率（これを実効税率という）になります。

　以上のように財務会計も税務会計も外部への報告用のため、計算方法などの会計ルールは厳格に定められています。

種類	報告先		報告義務	作成ルール	目的
財務会計	社外	利害関係者	あり	会社法商法など	経営成績の公表
税務会計	社外	国税庁・税務署	あり	法人税法	法人税の計算
管理会計	社内	社内関係者	なし	自由	予算管理や原価管理

図 3.8　会計の種類

✳ 管理会計は会社内部で活用する

3つめの管理会計は会社内部で経営判断に用いる会計です。経営者や実務担当者が現状をリアルタイムに把握し、計画に対しての実績確認や意思決定の資料として用います。この管理会計は外部へ報告する必要はなく社内で運用するため、会計のルールも自由になっています。

管理会計でよく知られているのは「予算管理」と「原価管理」です。予算管理は会社のヒト・モノ・カネを効率よく活かすために計画（年次予算や月次予算など）と実績を比較し、未達成の場合には次の方策につなげていくものです。原価管理は先に紹介した1個当たりの製造原価（個別原価）を把握し、改善を進めていくことに活用します。

✳ 個別原価と損益計算書との関係

個別原価と財務会計の損益計算書は密接に関連しています。すべての品種において、個別原価にその期間に売れた数を掛けた数字が損益計算書に反映されます。

損益計算書の一例を図3.9に示します。数字は違えどもこのような形式で表わされています。上から順に見ていくと売上高は入ってくる金額、売上原価は売れた分の製造原価です。売上高から売上原価を差し引いたものが売上総利益で、粗利（あらり）ともいいます。この売上総利益から販売費及び一般管理費（販管費）を差し引いたものが営業利益です。

✳ 5種類の利益

少々ややこしいのですが、利益には「売上総利益」と「営業利益」に加えて、「経常利益」「税引前当期純利益」「当期純利益」の5つの種類があります。

営業利益が本業で得た利益に対して、営業利益から本業以外の収入や支出を差し引きしたものを経常利益といいます。本業以外の収入としては受取利息や持ち株の受取配当金が、本業以外の支出では支払利息などがあります。経常とあるように毎年発生するものが対象です。

この経常利益に突発的な収入や支出を差し引きしたものが税引前当期純利益
になります。突発的とはその年度にしか発生しないもので、保有していた土地
や株の売買で発生した特別利益や特別損失などがあります。最後の当期純利益
は税引前当期純利益から法人税などを差し引いた利益になります。
　この当期純利益からさらに株主への配当金などの支出があり、これを差し引
いた金額が最終的に会社に残る利益になります。

科目と金額（百万円）		計算式		意　味
売上高	1,500	A	入金	売り上げ総額
売上原価	950	B	出金	売れた分の製造原価
売上総利益	550	C	A－B	粗利（あらり）ともいう
販売費及び一般管理費	250	D	出金	販売と本社のコスト
営業利益	300	E	C－D	本業の利益
営業外収益	5	F	入金	本業以外で発生した金額
営業外費用	20	G	出金	
経常利益	285	H	E＋F－G	経常的な利益
特別利益	10	I	入金	当期だけに発生した金額
特別損失	5	J	出金	
税引前当期純利益	290	K	H＋I－J	法人税を払う前の利益
法人税等	110	L	出金	法人税等の支払い
当期純利益	180	M	K－L	法人税等支払い後の利益

図3.9　損益計算書の事例

3.4 原価を最小限にする効率

✳ 効率について考えよう

ここまで原価を分解して見てきました。次に効率について考えていきます。考えられる限り最もよい方法でおこなうことが効率です。なぜここで効率を考えるべきかというと、原価を最小限にしたいためです。

たとえば不良品が発生して廃棄処分になれば、材料費の損失だけではなく不良になるまでに費やした労務費や、使用した治具や設備の使用コストにも損失が生じます。また作業の効率が悪ければ労務費に悪影響をおよぼします。

すなわち先に見た「材料費」「労務費」「減価償却費」「その他経費」の各コストは「投入するコスト÷効率」になります。

▶ 材料費　　　＝ 材料価格 ÷ 使用効率

▶ 労務費　　　＝ 賃金　　　÷ 作業効率

▶ 減価償却費 ＝ 設備価格 ÷ 使用効率

各効率の理想はまったくムダのない100％が理想です。コストは安い方が好ましいので、使用効率と作業効率は掛け算ではなく割り算になっています。

✳ 原価削減のふたつの切り口

「コスト＝投入するコスト÷効率」なので、原価を下げるには前者の「投入するコストを下げること」と、後者の「効率を上げること」のふたつの切り口が考えられます。

前者の「材料価格を下げる」「賃金を下げる」「設備価格を下げる」取り組みは購買管理と労務管理になります。後者の「使用効率を上げる」「作業効率を

上げる」取り組みが現場改善です（**図3.10**）。ここからは後者の効率について順に考えていきましょう。

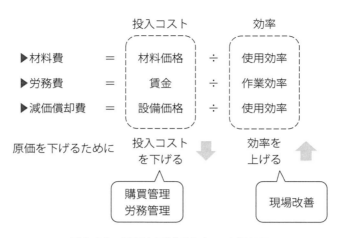

図3.10　原価を下げるふたつの切り口

✳ 材料の使用効率を考える

「材料費＝材料価格（実際に製品に使用する分）÷使用効率」の使用効率を見てみましょう。材料の使用効率を落とす要因は、「歩留まり」と「良品率」になります。歩留まりは第2章（2.2）で紹介したように「原材料の投入量に対して実際に使用する割合」です。

たとえばプレス加工で製品に使用する比率が80％、抜きカスが20％であれば、材料の歩留まりは80％、すなわち使用効率は80％になります。材料価格は実際に製品に使用する分なので、この場合の購入に必要な材料費は、実際に製品に使用する材料費の1.25倍（1÷0.8＝1.25）になってしまいます。

旋盤加工やフライス加工といった切削加工での切りくずも、同じように材料の使用効率を下げる要因になります。

この使用しない抜きカスも切りくずも金属スクラップとして売却できるのですが、当然ながらスクラップの買取り価格は元の素材の材料価格よりも安いの

で材料費のムダになります。その対策としてプレス加工では抜きカスを最小化するレイアウトを検討し（第2章の図2.6）、切削加工では設計段階で外形寸法を材料の市販寸法（外径や幅や厚み）に合わせることにより、削り代ゼロを狙って歩留まりを改善します（**図3.11**）。

使用効率を悪化させるもうひとつの良品率については、材料費だけでなくすべての費用に影響するので後述します。

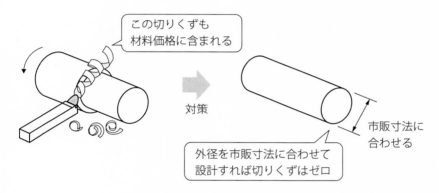

この切りくずも
材料価格に含まれる

対策

市販寸法に
合わせる

外径を市販寸法に合わせて
設計すれば切りくずはゼロ

図3.11　旋盤加工の切りくず

✱ 人の作業効率を考える

次に「労務費＝賃金÷作業効率」の作業効率を見てみましょう。作業効率を考えるうえで作業の質を分類すると、「正味作業」「付帯作業」「ムダ作業」の3つになります（**図3.12**）。正味作業とは価値を生み出す作業で、加工や組立てや配線といった作業です。次の付帯作業は価値を生まない作業ですが、正味作業をおこなううえで必要な作業です。たとえば部品箱の梱包を開ける、金型を取りに行く、品種交換のための段取りといった作業は、それ自体は価値を生みませんが、これがなければ正味作業が成り立ちません。

最後のムダ作業はまったく価値を生まず、本来必要のないものです。不良品の手直し作業やモノを探す作業、治具や設備が故障した際の修理作業などがムダ作業になります。参考に組立作業の質の事例を**図3.13**に示します。

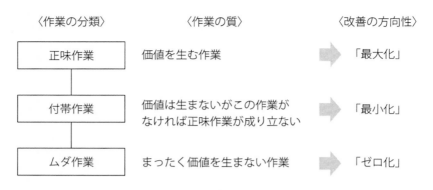

〈作業の分類〉　　　　　　〈作業の質〉　　　　　　〈改善の方向性〉

正味作業　　　　価値を生む作業　　　➡　「最大化」

付帯作業　　　　価値は生まないがこの作業が　➡　「最小化」
　　　　　　　　なければ正味作業が成り立たない

ムダ作業　　　　まったく価値を生まない作業　➡　「ゼロ化」

図3.12　作業の質を分類する

	作業内容	作業の質			備考
		正味	付帯	ムダ	
1	部品置き場に部品を取りに行く		●		
2	部品置き場で部品を探す			●	整理整頓していれば必要なし
3	部品箱を作業場まで運ぶ		●		
4	作業場に空きスペースをつくる			●	整理整頓していれば必要なし
5	部品箱を作業場にセットする		●		
6	ペアの部品が届くのを待つ			●	手待ちのムダ
7	両部品を手に取る		●		
8	両部品をはめ合わせる	●			付加価値を生む作業
9	ネジ箱からネジを取り出す		●		
10	部品にネジを差し込む		●		付加価値を生むのは
11	ドライバを手に持つ		●		この2作業のみ
12	ドライバでネジを締める	●			付加価値を生む作業
13	ドライバでネジを締め直す			●	二度作業のムダ
14	ドライバを元の置き場に戻す		●		

図3.13　組立作業の質の事例

🌸 作業のムダを無くすことが最優先

　作業は最少人数かつ最少時間でおこないたいので、各作業をそれぞれ改善すればよいのですが、取り組みの優先度はムダ作業と付帯作業です。

　ムダ作業はまったく価値を生まないのでゼロを狙います。また付帯作業は無くすことはできませんが、この作業の中のムダを無くして最小化を狙います。すなわち「ムダ作業はゼロ」「付帯作業は最小化」が目標です。

　モノが売れた高度成長期にはムダを無くすことで同じ人数で生産量を増やしましたが、人手不足の時代には同じ生産量を少ない人数でおこなえることを狙います。ムダを無くす取り組みは第5章以降の実践編で解説します。

🌸 設備の使用効率を考える

　効率の最後は「減価償却費＝設備価格÷使用効率」の使用効率を考えてみましょう。まず設備の実力を捉えるモノサシとして、稼働率と可動率（べきどうりつ）を紹介します。

　はじめに用語の解説からおこないます（**図3.14**）。就業時間の中で朝礼やミーティングや後片付けといった時間を除いた、設備を動かすことができる最大時間が「操業可能時間」です。この操業可能時間内で注文に応じた必要数量を生産する時間が「実操業時間」になり、生産する必要がなく設備を止めている時間が「非操業時間」になります。

　次に実操業時間の中身を見てみると、このすべての時間で設備が動いて生産しているわけでありません。材料セットや段取り替え、微調整、試し打ち、トラブル停止などさまざまな理由で動かしたくても動かせない時間があります。実操業時間内で実際に設備が動いて生産している時間を「稼働時間」、やむを得ずに設備が停止している時間を「非稼働時間」といいます。

🌸 生産計画数によって決まる稼働率

　稼働率は、操業可能な時間内で実際に操業した時間の比率を示し、操業度ともいいます。

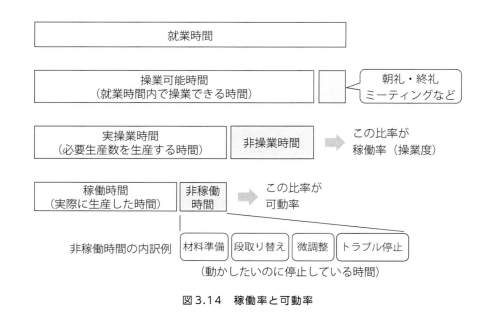

図3.14　稼働率と可動率

▶ 稼働率（%）＝実操業時間÷操業可能時間×100

　この稼働率は生産計画数によって変わる数字です。1日に1,000個つくる能力があるとして、この日に必要な生産数が800個であれば稼働率は80%になります。すなわち稼働率は常に100%がよいわけではありません。必要な生産数が800個なのに1,000個つくれば200個はつくりすぎになってしまうからです。これをつくりすぎのムダ（第5章（5.2）で解説）と呼んでいます。

　また1,000個を超えて1,100個つくる必要があれば残業で対応することになるので稼働率は110%になります。このように稼働率は必要な生産計画数によって決まる数値です。

　ただし常に100%を超えている場合には生産能力が不足しており、逆に常に低い稼働率が続く場合は生産能力が過剰な状態にあります。

🌸 可動率は100%が理想

可動率（べきどうりつ）は、実操業時間内に実際に動いて生産した時間の比率を示します。可動率も先の稼働率と同じく「かどうりつ」と読めるので、可動率を「べきどうりつ」と言い分けています。

▶ 可動率（％）＝稼働時間÷実操業時間×100

この可動率は、動かしたいときにきちんと動いて生産する実力をあらわすので100％が理想です（100％を超えることはない）。そのため非稼働時間をいかに少なくするかが改善のポイントになります。非稼働時間の作業には材料セットや微調整、試し打ちなどがありますが、品種交換に対応する段取り作業に多くの時間を要するケースがよく見られます。それを改善する切り口が「段取り改善」になり、その取り組みについては第6章（6.4）で解説します。

🌸 稼働率と可動率の事例

稼働率と可動率の事例を**図3.15**で見てみましょう。就業時間は8時間で朝礼やミーティングが20分とすると、操業可能時間は460分になります。この460分での生産能力を1,000個とします。この日の生産計画が800個とすると、実操業時間は368分（460分×800個÷1,000個）、非操業時間は92分（460分-368分）になります。稼働率は「実操業時間÷操業可能時間×100」より、368分÷460分×100＝80.0％です。もしくは、生産計画数800個÷生産能力1,000個×100＝80.0％となります。

また368分の実操業時間の内で実際に設備が動いて生産していた時間が322分だったとすると、可動率は「稼働時間÷実操業時間×100」より、322分÷368分×100＝87.5％になります。

ここで非稼働時間の46分（368分-322分）をいかにして削減するのかが改善のポイントです。非稼働時間を短縮できれば、生産能力が向上するだけでなく、この間に携わっていた労務費も削減することができ、一石二鳥です。

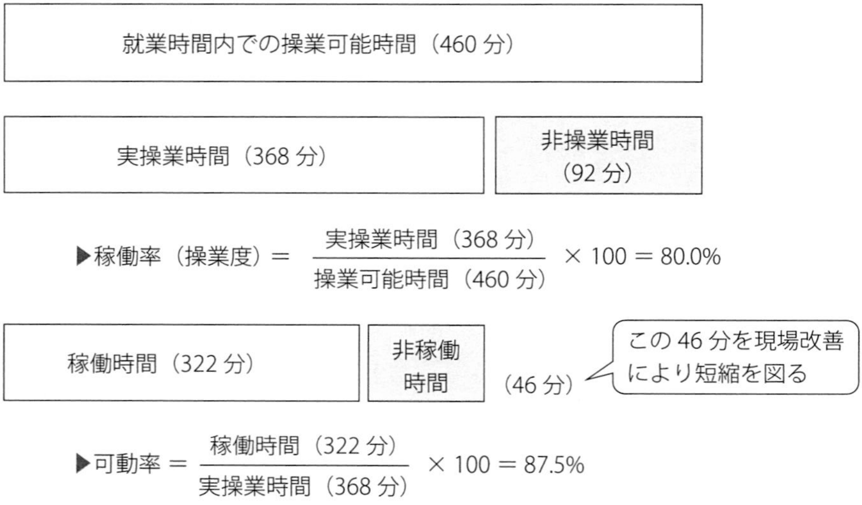

```
┌─────────────────────────────────────────────────────┐
│        就業時間内での操業可能時間（460分）              │
└─────────────────────────────────────────────────────┘

┌───────────────────────────────┐  ┌──────────────────┐
│      実操業時間（368分）         │  │   非操業時間       │
│                               │  │    （92分）        │
└───────────────────────────────┘  └──────────────────┘
```

▶稼働率（操業度）$= \dfrac{\text{実操業時間（368分）}}{\text{操業可能時間（460分）}} \times 100 = 80.0\%$

```
┌───────────────────┐ ┌────────┐
│  稼働時間（322分）  │ │ 非稼働 │
│                   │ │ 時間   │ （46分）
└───────────────────┘ └────────┘
```
この46分を現場改善により短縮を図る

▶可動率 $= \dfrac{\text{稼働時間（322分）}}{\text{実操業時間（368分）}} \times 100 = 87.5\%$

図3.15　稼働率と可動率の事例

✳良品率はすべての効率に影響

　ここまで各効率について見てきました。最後に良品率について解説します。不良品が廃棄となればこのコストがすべてロスとなり、手直しをするにしても労務費が追加で発生します。各コストに不良のロスを考慮すると、

▶材料費　　＝　材料価格　÷　使用効率　÷　良品率
▶労務費　　＝　賃金　　　÷　作業効率　÷　良品率
▶減価償却費＝　設備価格　÷　使用効率　÷　良品率

となります。たとえば1,000円の材料から20個加工するとして、良品率が100％では材料費は50円/個（1,000円÷20個）です。しかし良品率が95％では不良が1個出るので、材料費は52.6円/個（1,000円÷19個）となり2.6円のコストアップになってしまいます。労務費も減価償却費も同様の損失をもたらします。以上から品質改善はコスト面でも大きな効果を期待できます。

第4章

・・・・・・・・・・・・・・・・・

生産期間と生産
能力と生産方式

4.1 完成するまでの生産期間

❈ モノづくりのリードタイム

　この章はQCDの3つめ「生産期間D」を解説します。第1章で紹介したように納期と生産期間、そして生産能力には密接な関係があるので、詳しく見ていきましょう。モノづくり全般において、作業に着手してから顧客の手に届くまでの所要時間をリードタイムといい、「開発期間」「調達期間」「生産期間」「在庫期間」「配送期間」に分けることができます（図4.1）。

> ▶ 開発期間　企画・開発・設計の期間
> ▶ 調達期間　原材料や半製品を調達する期間
> ▶ 生産期間　生産開始から完成するまでの期間
> ▶ 在庫期間　完成してから注文が入るまで完成品在庫となっている期間
> ▶ 配送期間　出荷してから顧客の手元に届くまでの期間

　現場改善の取り組み対象は主に3つめの「生産期間」になります。期間とリードタイムは同義語なので、生産リードタイムともいいます。

図4.1　リードタイムを分解する

それぞれの管理を、開発期間の管理は「製品開発」や「商品開発」、調達期間の管理は「購買管理」、生産期間と在庫期間の管理は「生産管理」、配送期間の管理は「物流管理」と呼んでいます。

❋ 本書の生産期間の定義

本書では生産期間を「生産を開始してから完成するまでの期間」とします。一般的には完成してから出荷するまでの期間、すなわち完成品在庫の期間も生産期間に含める考え方が広く知られていますが、完成品在庫として滞留する時間は顧客の注文状況に左右されます。そのためモノづくり現場の実力を把握するために、本書では生産期間に完成品の在庫期間は含めず、完成品在庫の期間は別に「在庫期間」として区別します。

❋ 見込み生産と受注生産

生産体制は顧客の希望納期と生産期間により決まります（**図4.2**）。納期よりも生産期間が長ければ、注文を受けてからつくるのでは間に合いません。そこで注文を受ける前に市場を予想してつくりはじめます。これを「見込み生産」といいます。完成品として在庫しておき、注文が入れば在庫から出荷します。

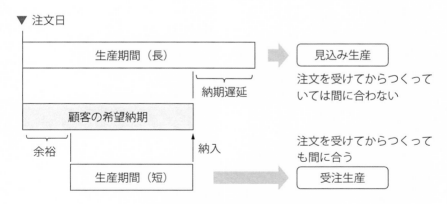

図4.2　見込み生産と受注生産

一方、顧客が希望する納期に対して生産期間が短ければ、注文を受けてから
つくる「受注生産」が可能になります（生産能力は満たしているとする）。

▶ 見込み生産　「希望納期＜生産期間」　生産期間の方が長い
▶ 受注生産　　「希望納期＞生産期間」　生産期間の方が短い

✳ 見込み生産と受注生産の強みと弱み

　見込み生産は完成品在庫を持って注文に対応するので、顧客からの厳しい納
期でも受けることが可能です。ただしあくまでも予想でつくるので、売れ残り
のリスクが発生します。逆に在庫量が少ない時に大きな注文が入ると品切れを
おこしてしまいます。また在庫で対応するためには、在庫を置くスペースが必
要なうえに、在庫の出し入れを管理する作業負荷も生じます。

　一方、注文を受けてから生産を開始する受注生産では、注文が確定している
ので売れ残りのリスクはゼロです。また完成すればすぐに出荷するので完成品
在庫を持つ必要もありません。その反面、注文タイミングは顧客次第のため、生
産能力を超える注文があって残業や休日出勤で対応する月もあれば、まったく注
文がなく作業者も設備も手持ちになってしまう月もあり、生産が安定しません。

　ここでつくる立場での理想像をまとめておくと、以下のようになります。

1）受注生産　　　　生産したモノはすべて完売
2）完成品在庫ゼロ　完成したらすぐに出荷するので在庫管理が不要
3）安定した受注　　日々の受注数に大きなバラツキがないこと
4）代金前払い　　　入金が先なので財務的に有利

✳ 顧客がいますぐ欲しい製品群

　次に顧客として買う立場の理想を考えてみましょう。当然のことですが、欲
しいモノを欲しい数だけ欲しいタイミングで入手できることです。この欲しい
タイミングは製品の特性によって異なります。スーパーマーケットに置かれて

いる日用品や食料品は店頭でいますぐに欲しいモノです。いつも使っているティッシュペーパーが品切れだからといって次に入荷するまで待つことはせず、隣に置いてある他社製品を購入します。このようにどのメーカーのモノでも品質も価格も大差がないことをコモディティ化といいます。このコモディティ化した製品は顧客の目の前にあっていますぐ買えることが必須になります。

❄ コモディティ製品は見込み生産と完成品在庫

コモディティ化した製品は、見込み生産して完成品として在庫（完成品在庫）を持って対応することになります（**図4.3**の上段）。

> ▶ コモディティ製品＝見込み生産＋完成品在庫

そのため完成品在庫の量をいかに最適化するかが管理のポイントになります。少なすぎれば品切れになり、多すぎれば余剰在庫になるからです。

❄ 顧客が待つことのできる製品群

その一方、顧客が待つことができる製品もあります。注文して一定期間を経てから手に入れる製品群です。身近な例では注文住宅やクルマ、オーダースーツなどはこの部類に入ります。自分にピッタリ合った製品を手に入れる魅力の大きさが、待つ時間を上回るからです。この場合は受注生産で対応します。（同図4.3の下段）。

> ▶ 待つことができる製品＝受注生産＋即出荷（完成品在庫は不要）

B to B（企業対企業の取引）ビジネスでも、顧客は1週間や1か月先に納期を設定します。本来は必要となった時点での即納が理想ですが、そのためにはメーカーや商社が多くの完成品在庫を持たなくてはならず、このコストが売価に反映されることを避けるため少しゆとりを持った納期を提示しています。

製品の特性	製品例	生産体制	在庫体制
いますぐ欲しい製品 （コモディティ製品）	ティッシュペーパー 100円均一商品 コンビニ弁当など	見込み生産	完成品在庫
待つことができる製品	注文住宅・クルマ オーダースーツ 高級バッグなど	受注生産	在庫ゼロ

図4.3　製品特性と生産体制

✳ 見込み生産と受注生産の混流対応

　このように生産する期間を待ってもらえるならば受注生産が可能になります。完全な受注生産は、注文が入ってから一から設計をおこない原材料を調達して生産を開始するので納期は長くなります。

　この納期の短縮策として設計と原材料の調達は事前に済ませておき、注文が入ったら生産から開始する方法や、生産の前半は事前に見込み生産をおこない在庫として保管しておき（これを仕掛品在庫という）、注文と同時に仕掛品在庫から取り出して後半の生産に入ることで顧客へ届けるまでの時間を縮めるといった方法があります。すなわち前半は見込み生産で、後半は受注生産の混流対応になります。見込み生産と受注生産の分岐点をどこにもってくるのかで、いくつかの生産体制が考えられます。この分岐点をデカップリングポイントといいます（デカップリングは切り離すという意味）。

　パソコンや受注の季節変動が大きなクーラーなどは、部品の共通化を図ったうえで、見込み生産と受注生産の混流により最適化を図っています。

✳ スーツの生産体制の事例

　見込み生産と受注生産の事例をスーツで比べてみましょう。デパートのスーツ売り場には、多くの既製スーツが揃っています。この中から体形に合ったサイズを選びます。これはまさに「見込み生産＋完成品在庫」になります。顧客はすぐに入手できる反面、店側は常に売れ残りのリスクを伴います。

　一方、自分の体形に合わせたオーダースーツは受注生産になり、セミオーダーと完全受注生産のフルオーダーがあります。セミオーダーは事前にいくつかの型紙を作成して、材料となる生地の調達も済ませておきます。注文を受けて体形を測定したら一番似通った型紙を選択して加工に入ります。これにより型紙の作成時間と材料の調達期間を省略することができ、納期を短くすることが可能です。

　それに対してフルオーダーは注文を受けてから体形の測定をおこない、一から新規に型紙を作成し、顧客の希望に合った生地を調達して加工に入ります。

> ▶ デパートの既製スーツ　　見込み生産＋完成品在庫
> ▶ セミオーダースーツ　　　原材料在庫＋受注生産
> ▶ フルオーダースーツ　　　完全受注生産（在庫ゼロ）

　このように同じスーツでも生産及び販売スタイルは大きく異なっていることがわかると思います（**図4.4**）。スーツメーカーの多くがオーダースーツに参入しているのは、効率的なモノづくりへの転換と同時に、顧客の満足度も向上させる一石二鳥の戦略になるからです。

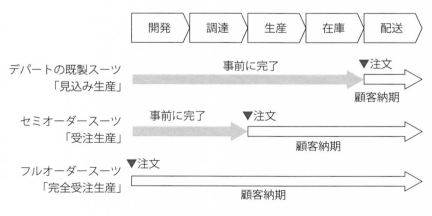

図4.4　スーツの生産体制の事例

4.2 人と設備の生産能力

✴ 納期を守るための生産能力

　ここまで顧客の納期に対応するための生産期間について見てきました。もうひとつ大切な要素として生産能力があります。注文数に対して生産能力が足りなければ残業や休日出勤で対応するか、もしくは顧客にお願いして納期を遅らせてもらうしかありません。逆に生産能力が過大であれば、作業者が余剰になっていたり、設備が過剰な仕様になっている可能性があります。

　この生産能力を「人の作業スピードで決まる場合」と「設備のスピードで決まる場合」の2パターンに分けて見てみましょう。

✴ 人の生産能力

　人手作業の生産能力は「標準時間」から算出することができます。

> ▶1日当たりの人手作業の生産能力
> 　＝（1日当たりの実働時間÷標準時間）×単位個数×作業人数×良品率

　標準時間とは、標準のスキルを身につけた作業者が、良好な作業環境下で作業標準書に基づき、標準の速さで単位個数つくるのに必要な時間です。

　ここでいう標準の速さとは1日を通して安定して作業ができ、翌日に疲労を残さず繰返し同じ作業ができる速さになります。

　この標準時間は実際にモノをつくっている時間だけではありません。作業者の1日の動きを見るとこのほかにも、朝礼や事前の段取り作業、記録、報告、小休憩といった必要不可欠な作業も伴います。生産能力を把握する際にはこうした作業も含めた上での標準時間が必要になります。

❋ 標準時間の内訳

では標準時間の内訳を見てみましょう。大きくは「正味時間」「付帯時間」「段取り時間」「余裕時間」に分かれます。似た分類として前章（3.4）で人の作業を質の視点で「正味作業」「付帯作業」「ムダ作業」に分けましたが、本標準時間では作業項目での分類になります（図4.5）。

> ▶ 標準時間＝正味時間＋付帯時間＋段取り時間＋余裕時間

正味時間は価値を生み出す作業時間のことです。加工や組立、配線といった作業です。次の付帯時間は正味作業を補助する作業時間で、原材料をセットする作業や設備の操作、検査といった作業です。直接価値を生んでいるわけではありませんが、この作業がなければ正味作業はできません。段取り時間は品種交換のための材料セットや部品交換や設備の設定変更といった作業です。

上記以外の不定期な作業時間を余裕時間と呼び、「作業余裕時間」「職場余裕時間」「個人余裕時間」に分かれます。作業余裕時間は摩耗による工具の交換

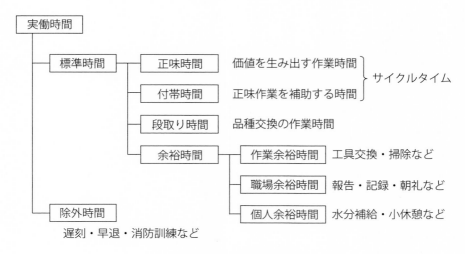

図 4.5　標準時間の内訳

や掃除といった作業です。職場余裕時間は上長からの指示や報告、記録、朝礼、手待ちで、個人余裕時間は水分の補給、トイレ、小休憩などになります。余裕という名称ですが、決してゆとりを意味するのではなく、必要な作業を区分したものです。

　またこれら標準時間以外は除外時間で、業務ができない時間になります。遅刻や早退、消防訓練、健康診断、停電などはこの除外時間に含まれます。

✳ 標準時間の設定

　正味時間と付帯時間と段取り時間は、標準のスキルをもった作業者をモデルとして実測により設定します。最後の余裕時間は「正味作業と付帯作業と段取り作業」の合計に余裕率を掛けて求めるのが便利です。

> ▶ 標準時間＝（正味時間＋付帯時間＋段取り時間）×（1＋余裕率）

　余裕率は作業負荷によって変わるので、一例として軽作業は10％、中作業は20％、重作業は30％として、実際の生産能力との整合性を確かめるのも一手です。

　たとえば正味時間55分、付帯時間9分、段取り時間6分、余裕率20％、1人作業で生産数50個の場合は、前式を用いて、標準時間（単位個数50個）＝（55＋9＋6）×（1＋0.2）＝84（分）になります。

　この標準時間を用いて1日当たりの生産能力を試算すると、1日の実働時間を480分（8時間）、作業人数2名、良品率99％の場合、（実働時間÷標準時間）×単位個数×作業人数×良品率＝（480分÷84分）×50個×2名×99％≒565個（1日当たりの二人作業での生産能力）になります。

✳ サイクルタイムとタクトタイム

　標準時間以外の指標として「サイクルタイム」と「タクトタイム」について見ておきましょう。サイクルタイムはサイクル（周期）とあるように、連続し

て作業している状態でひとつの作業が完了してから次の作業が完了するまでの1周期分の時間を意味します。先ほど見た標準時間の中の正味作業と付帯作業の1周期分がサイクルタイムに相当します。

　一方、タクトタイムは、注文数に対して製品1個をつくるのに必要な時間を意味します。すべての工程がオーケストラのタクトのように均一のタイミングでつくることからタクトタイムと命名されています。

> ▶ サイクルタイム ＝「正味時間＋付帯作業」の1周期分
> ▶ タクトタイム　 ＝ 1日の稼働時間÷1日の必要生産数

　すなわちタクトタイムは、注文数によって変動することになります。タクトタイムよりサイクルタイムが長ければ生産が間に合わず欠品となり、逆にサイクルタイムが短ければ速くつくることができますが、必要数以上につくりすぎないように注意しなければなりません。

✳ 設備の生産能力

　ここまでは人手作業の生産能力について紹介してきました。次に設備が主体の生産能力について見ていきましょう。前章（3.4）で紹介した操業可能時間と、実操業時間内に実際に動いて生産できる時間の比率をあらわす可動率を用いて試算すると、1日当たりの設備の生産能力は以下のようになります。

> ▶ 1日当たりの設備の生産能力
>   ＝操業可能時間×可動率×時間当たりの生産数×設備台数×良品率

　たとえば、操業可能時間7時間30分、可動率90％、1時間当たりの生産数120個、設備台数2台、良品率99％であれば、設備の生産能力は、7.5時間×0.9×120個／時間×2台×99％≒1,603個（1日当たり2台での生産能力）になります。

❋ ボトルネックの解消

モノづくり現場では、いくつかの工程を経て製品は完成します。たとえばプレス加工→塗装→組立→検査といった流れです。このとき各工程の生産能力がすべてピッタリ同じになることはなく、少なからず能力差が生じます。

このとき生産ライン全体の能力は、工程数がいくつあっても一番遅い工程の能力で決まってしまいます。2車線の道路で事故車が止まっていると、1車線しか使えないので一気に流れが滞る現象と同じです。

たとえばプレス加工のサイクルタイムが2分、塗装工程が5分、組立が3分、検査が3分とすると、全体のサイクルタイムは一番遅い塗装工程の5分になります。このように生産能力を制約してしまう一番遅い工程を「ボトルネック」といいます（**図4.6**）。

> ▶ 生産ライン全体の生産能力 ＝ ボトルネック工程の生産能力

生産ラインの生産能力を向上させる効果的な方策は、ボトルネック工程の生産能力の改善です。それが難しければボトルネック作業の一部をボトルネックの前後の工程に振り分けることでサイクルタイムの平準化を図ります。

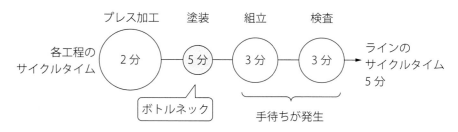

図4.6　ボトルネック

4.3 品種と生産量に対応する生産方式

❀ 大量生産への歩みをクルマで見る

この項では生産方式について見ておきましょう。まずは大量生産を確立したクルマの事例で歴史を振り返ります。歴史を知れば、いまのモノづくりの背景や狙いが理解しやすくなるからです。

昔のクルマは一点ずつの手作り品でした。当然価格は高くなるので、富裕層にしか買えない超高級品でした。これが「少品種少量生産」の時代です。

こうした中、アメリカの企業家であるヘンリー・フォード（1863年–1947年）が、誰でも手にすることができる安価なクルマを世に出すためにフォード・モーター社を創設します。ここで安くつくるための「大量生産方式」が生み出されます。

それまでは1箇所に置いたシャーシ（枠組み・フレーム）に作業者が入れ替わり立ち替わり部品を取り付けて完成させていました。しかし部品点数が多いため、部品を取り付ける手間よりも部品をシャーシまで運ぶ手間の方が大変でした。そこでコンベアを用いて部品置き場の中にシャーシを流すという逆の発想で対応しました。これにより運ぶ手間を一気に削減することができ、この流れ作業は100年たった現在も世界中の自動車メーカーが採用している画期的な方法になりました（次章（5.2）の運搬のムダでも解説）。

フォード氏は安くつくるために専用機の導入を進め、作業の効率化にもこだわりました。作業者と管理監督者が話し合いながらさまざまな工夫を凝らしています。世界にも知られた日本語の改善（KAIZEN）ですが、すでにこの時代にフォード社で実践されていました。フォード氏のすごいところは、安いクルマをつくることで庶民の生活を変えただけではなく、従業員に対しても従来の2倍の賃金を支払うことで労働改善にも努めたことです。

❋ 少品種から多品種へ

歴史に残る量産車T型フォードは約20年の間、小改造のみでフルモデルチェンジもなく1,500万台を売り上げます。つくる数が増えるほどコストが下がる量産効果を享受してきました。しかしボディ色は黒塗りしかなく、選べるバリエーションも限られていました。これが「少品種大量生産」の時代です。

やがて世の中にクルマが普及するにつれて、顧客も徐々に性能や乗り心地やファッション性を求めるようになってきました。安ければ売れる時代は終わりを告げていましたが、フォード社はこれに対応できず徐々に市場を奪われていきます。これに対してGMといったライバルメーカーは顧客の要求に合わせてバリエーションを揃え、毎年のようにボディデザインを変えるといった販売戦略により市場を広げていきます。少品種大量生産から「多品種大量生産」への移行が進んだ時代です。

❋ なぜ大量につくればコストは下がるのか

数をたくさんつくればコストが下がる量産効果のことを「規模の経済」といいます。モノづくりのコストには、生産する数に関わらず発生するコストと生産数に比例して発生するコストがあります（**図4.7**）。

コスト ＝ 固定費 ＋ 変動費

数をたくさんつくるほどコストは下がる

固定費10円・変動費2円/個とすると、1個当たりのコストは

$$5個つくるときのコスト ＝ \frac{10円＋（2円 \times 5個）}{5個} ＝ 4円/個$$

$$50個つくるときのコスト ＝ \frac{10円＋（2円 \times 50個）}{50個} ＝ 2.2円/個$$

図4.7　量産効果の事例

前者のコストを固定費といい、たとえば正社員の労務費や賃貸料などの費用です。固定費は常に一定なので、数をたくさんつくるほど1個当たりの固定費は下がります。

これに対して生産する数に比例して発生するコストを変動費といい、材料費は生産数に比例するので変動費になります。変動費はつくる数が少なくても多くても1個当たりのコストは同じです。

量産効果のメリットは原材料の購入時にも活かされます。数をたくさんつくれば購入量が増えるので、仕入先との価格交渉力が高まります。その結果、安く買うことができればコストダウン効果につながります。

また作業者の習熟効果（学習効果）もコストダウンに効果的です。これは生産数が増えて経験を積むごとに一定比率で作業時間が減少する経験則です。はじめての作業は時間を要しますが、慣れてくれば短時間で作業できるようになることをわたしたちも経験で知っています。数をたくさんつくるほど、この習熟効果が大きく寄与します。

❋ トヨタ生産方式の誕生

トヨタ自動車は市場が小さい日本において、アメリカと同じ大量生産方式では採算が合わないと考えました。少量生産では先の量産効果（規模の経済）を活かせないからです。

そこで多品種少量でも安くつくれる日本ならではの生産方式を考え出しました。これがトヨタ生産方式と呼ばれ、海外ではリーン生産方式として広く知られています。リーン（lean）とはぜい肉がない、ムダがないという意味です。これが多品種大量生産から「多品種少量生産」への移行になります。

ここまで比較的わかりやすいクルマの例で紹介しましたが、現在のモノづくり全般にも適用することができます。どの生産方式がよいかはその時代の環境や顧客の要望によって決まることがわかります（図4.8）。

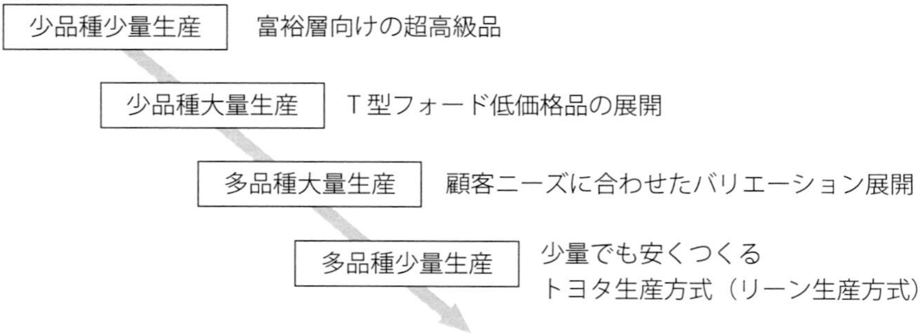

少品種少量生産　富裕層向けの超高級品

少品種大量生産　Ｔ型フォード低価格品の展開

多品種大量生産　顧客ニーズに合わせたバリエーション展開

多品種少量生産　少量でも安くつくる
　　　　　　　　トヨタ生産方式（リーン生産方式）

図4.8　クルマの生産方式の変遷

✳ 作業の効率化と標準化

　次に作業の効率化の歴史も振り返っておきましょう。大量生産が広く普及すると多くの作業者が必要となります。同じ作業でも人によって成果が大きく異なることに疑問を抱いたアメリカのフレデリック・テイラー（1856年–1915年）が、作業を分析して効率の良い作業方法を標準化することを考え出しました。これまで個人任せだった作業を、標準化により誰もが同じ時間で作業できるようにしたことで、品質も向上しコストダウンすることができました。

　この大きな成果によりテイラーは「科学的管理法の父」と称され、現在の生産管理の基礎となっています。

✳ 生産方式の４つのパターン

　モノづくりにおける生産方式を４つのパターンで整理しておきましょう。

　品種の多少と生産数量の大小に分けると、「少品種少量生産」「多品種少量生産」と「少品種大量生産」「多品種大量生産」になります。

　これらのパターンは良し悪しの問題ではなく、ビジネスの形態と製品特性と注文数により決まってくるものです。技術誌や新聞などを読んでいると「多品種少量生産」だけが目につきますが、あくまでも４パターンの中のひとつでしかありません。皆さんが担当している製品群はどれに当たるでしょうか。

生産方式と生産ラインの関係

少量生産の「少品種少量生産」と「多品種少量生産」の場合には、専用ラインではコストが合わないため、同じラインで同系統の品種を流せる汎用ラインが一般的です。設備も汎用機になるので、品種交換時の段取り作業が発生します（**図4.9**）。

大量生産の「少品種大量生産」と「多品種大量生産」の場合には、生産する品種に特化した専用ラインが一般的です。生産数量が増えた際には専用ラインを増設することで対応します。専用ラインでは段取り作業は不要です。

話は変わりますが、人気の駅弁もたくさんの種類を少しずつ織り交ぜた幕の内弁当の「多品種少量型」と、1〜2種類のおかずをドーンと載せた鮭イクラ丼などの「少品種大量型」に分かれるような気がします。

生産数量		品種		品種交換の段取り作業
		少品種	多品種	
	少量	汎用ライン（汎用機）		必要
	大量	専用ライン（専用機）		なし

図4.9　生産方式の4パターンと生産ライン

自動化の狙いとは

モノづくり現場では、人手作業と設備をうまく組み合わせています。設備導入による自動化の狙いをひとことで言えば、必要な数量を効率よくつくることです。この自動化の狙いを見ておきましょう。

1）大量につくるため

　設備によるスピードアップ、設備の増設対応が容易

2）速くつくるため

　1工程で複数作業をおこなう自動化、設備によるスピードアップ

3）コスト削減

　労務費よりも安い減価償却費による費用対効果

4）品質向上

　手作業のバラツキよりも精度の高い自動化効果

5）労働人口低下への対応

　人手不足への対応

6）人のスキルへの対応

　スキルアップに多大な時間を要する場合や伝授が難しい場合

7）作業環境の改善

　重量物、高温、多湿、騒音といった悪環境への対応

8）安全の確保

　危険作業からの解放

✳ モノづくりの自動化レベル

　モノづくりの自動化には「手作業」「治具化」「半自動化」「全自動化」の4つのレベルがあります。各ポイントを紹介します（図4.10）。

1）手作業

　工作物に対して手工具のみのモノづくりが手作業です。人によりできばえの品質と作業時間が大きくばらつくので、一定以上のスキルが必要となります。逆にバラツキが許容される工芸品の加工は、この手作業が一般的です。

2）治具化

　位置決めと固定を簡単におこなえる治具を用いることで、教育訓練を受ければ誰もが同じ品質、同じ時間で作業することが可能になります。治具自体も安価かつ短期間で導入が可能です。

3）半自動化

　1台につき一人の作業者がついて作業をおこなうので、半分だけ自動化の意味で半自動化とあらわしています。半自動設備は作業机の上に置くことができるコンパクトサイズのイメージです。

　付加価値を生む作業が自動で、工作物の取入れと取出しを人がおこない、1サイクルごとの操作になります。自動化により品質が安定する点と、取入れと取出し時に目視検査をおこなうことで格段に品質が向上します。

4）全自動化

　一定量の原材料や半製品を投入すれば、あとは全自動で作業をおこないます。設備の稼働中は人がつく必要がないので、作業者は同じ設備を複数台受け持つ「多台持ち」や、前後の工程を受け持つ「多工程持ち」が可能になります。持ち台数の詳細は次項（4.4）で説明します。

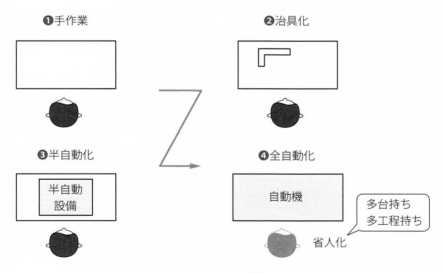

❶手作業　　　　　　　　　　❷治具化

❸半自動化　　　　　　　　　❹全自動化

半自動設備

自動機

多台持ち
多工程持ち

省人化

図4.10　4つの自動化レベル

✻ 最適な自動化レベルを選択する

　モノづくりの自動化は以上の4つのレベルがありますが、自動化が進んでいることがよいわけではありません。特に全自動化は設備の開発期間も長く投資金額も大きいので、投資効果（費用対効果）の検証が必須です。また製品に仕様変更が生じた場合やモデルチェンジの際には設備の改造が必要となり、相当な時間と費用が必要になります。

　それに対して治具化や半自動化は人がつく必要があるものの、開発期間は短くコストも安いうえに、仕様変更やモデルチェンジにも容易に対応が可能です。製品寿命の短い製品群の生産に適しています。

　図4.11において、ここまで紹介した生産方式と自動化レベルの傾向をまとめました。

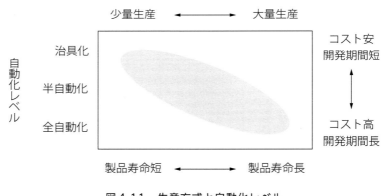

図4.11　生産方式と自動化レベル

4.4 モノを流す3つの パターン

�֎ ロット生産と1個流し

　この項では、モノの流れを紹介します。モノの流し方において「ロット生産」と「1個流し」「一人生産」の3つのパターンを順に見ていきましょう。

　ロットとは「同じ条件下でつくったモノの集まり」をいいます。すなわち生産する際の最少単位ですが、何個が良いといった決まりはありません。ロットの大きさをロットサイズといい、注文数や段取りに関わるコストから製品ごとに決めます。10個単位もあれば1,000個単位もあるわけです。このようにまとめて流す生産をロット生産と呼び、ダンゴ生産ということもあります。

　いま1ロット10個のロット生産をおこなうとします（**図4.12**の（**a**））。A工程からB工程、C工程に流す際には、A工程で10個つくり、できた10個をま

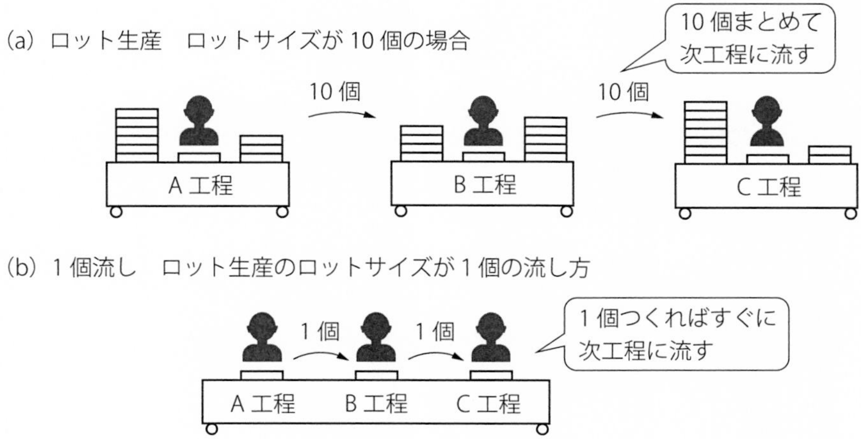

（a）ロット生産　ロットサイズが10個の場合

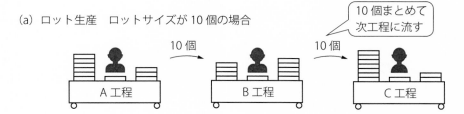

（b）1個流し　ロット生産のロットサイズが1個の流し方

図4.12　ロット生産と1個流しの流し方

とめてB工程へ搬送し、B工程で10個つくり、また10個まとめてC工程へと流します。すなわちロットの10個がひとつの固まりとなって流れます。

それに対して1個流しは、設備や作業机を近づけて、A工程で1個つくったらすぐにB工程に流します。同じようにB工程で完了した1個をすぐにC工程に流します。1個つくったら次の作業者に手渡すイメージです（同図（b））。すなわち1個流しはロットサイズ1個のロット生産と同じ意味になります。

ロット生産の生産期間

ロット生産と1個流しの生産期間を比較してみましょう。いまA工程、B工程、C工程の作業時間（サイクルタイム）をそれぞれ2分、工程間の搬送時間は仮にゼロとします。ロットサイズを10個とすると、10個すべて完成するまでの生産期間は（2分×10個×3工程）で60分になります（**図4.13**）。

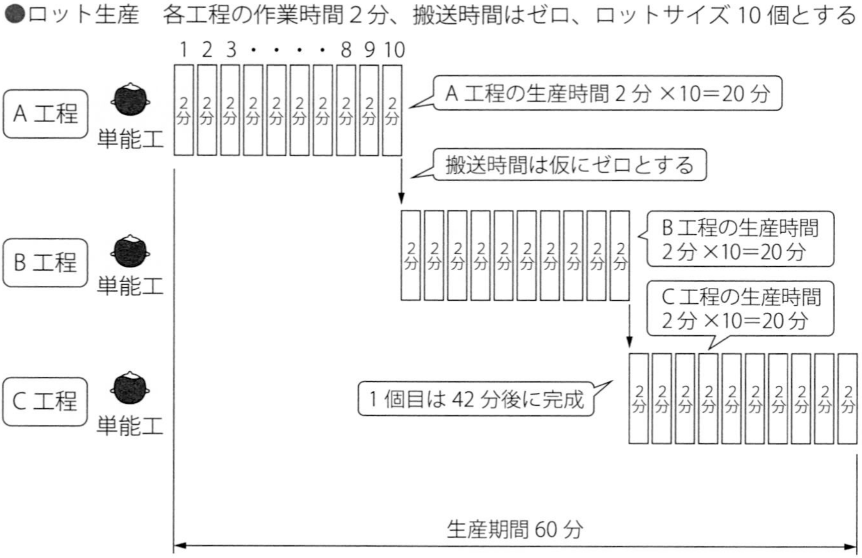

図 4.13　ロット生産の生産期間

また1個目は何分で完成するかというと、Ａ工程の20分（2分×10個）とＢ工程の20分（2分×10個）とＣ工程の1個の作業時間2分を足して42分かかることもわかります。実際に作業している正味時間は6分（2分×3工程）にもかかわらず42分もかかってしまいます。こうしたロスが発生する原因は、図を見ればわかるように、各工程で生産期間の3分の2は手待ちになるためです。

✴ 1個流しの生産期間

これに対して1個流しで10個つくる場合はどうでしょうか。**図4.14**のように10個すべてつくるのに24分（2分×12作業）で完了します。また1個目は6分（2分×3工程）で完成します。ロット生産よりも効率的なことがわかります。ロット生産の場合、実際にはすぐに次のロットの生産に入るので、手待ちは減るものの、それでも1個流しの優位性は変わりません。

● 1個流し　各工程の作業時間2分、搬送時間はゼロ（ロットサイズ1個に該当）

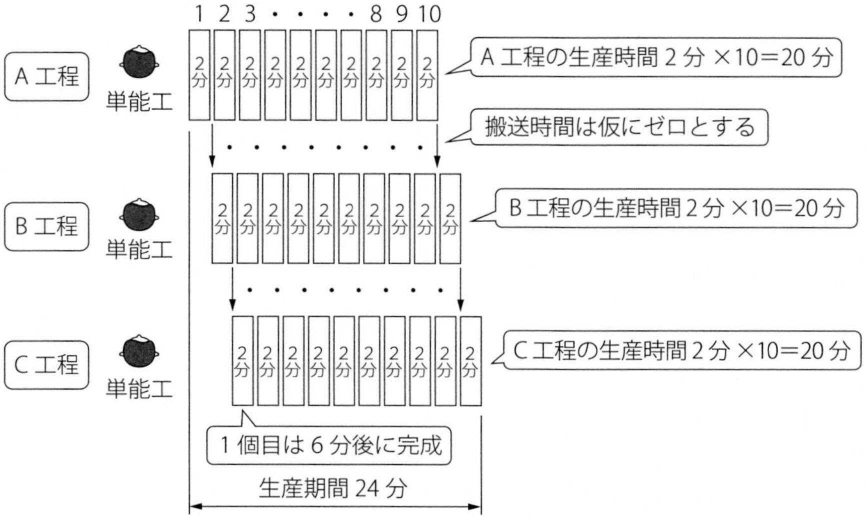

図4.14　1個流しの生産期間

❋ 1個流しでの品質のつくり込みと仕掛品の削減

　次に品質面を比べてみましょう。ロット生産と1個流しではどちらが不良の検出能力が高いでしょうか。いまC工程を検査工程として、A工程の1個目で不良が発生したとします。ロット生産では不良が発生してからC工程で検出されるまでの時間は42分（20分＋20分＋2分）かかります。一方、1個流しでは発生後6分（2分＋2分＋2分）で検出することができます。

　もし1個目から全数不良であったとするとロット生産では全数の10個とも不良となってしまいますが、1個流しでは3個の不良で済みます。不良発生から検出までの時間が短ければ短いほど損失を回避できるだけでなく、発生原因も特定しやすくなります。

　また工程内にある仕掛品在庫（作業中の製品は含まない）の数量も1個流しは理論上ゼロですが、ロット生産は工程間に10個の在庫が生じてしまいます。

❋ 1個流しのリスク

　このようにロット生産と比べて1個流しは、生産期間・品質・仕掛品在庫・フロアスペースの効率が大幅に向上します。しかし1個流しはそれ相応の実力がなければ成立しません。各工程の生産能力がピッタリ同期していればよいのですが、少しでもバラツキがでるとそこがボトルネックとなり、生産能力が低下してしまいます。またひとつの工程でトラブルが発生すると、瞬時にすべての工程が止まってしまいます。

　それに対してロット生産の場合には工程と工程の間に在庫（仕掛品在庫）があるために、この在庫がバッファとなり、多少の問題であれば止まることなく生産を続けることができます。

　そこで1個流しにおいても工程間にたとえば数個の仕掛品在庫を意図して持つことで、生産能力が多少バラついても吸収できるしくみをつくることもひとつの方法です（図4.15）。モノづくりの実力が上がるに従って、徐々に仕掛品在庫を減らしていき最終的にはゼロに近づけます。

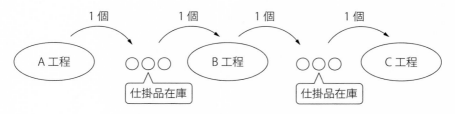

図4.15　1個流しの仕掛品在庫

✳ セル生産とも呼ばれる一人生産

　ロット生産と1個流しの次に一人生産を紹介します（**図4.16**）。名称どおりひとりで一から完成までを担当します。これをセル生産ともいいます。セルは個室や細胞という意味です。作業台をU字に隣接させてこの中で工作物を持ちながら工程順にひとつずつ作業をおこなうので、ボトルネックそのものがなくなり仕掛品在庫もゼロの流し方です。

●一人生産　各工程の作業時間2分、搬送時間はゼロ、10個生産

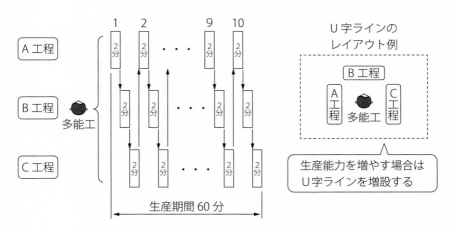

図4.16　一人生産の生産期間とレイアウト例

U字にレイアウトするのは一直線のI字よりも作業者の移動する距離（歩く歩数）が少なくなることを狙っています。

　生産能力への対応はU字ライン（これをセルという）をいくつかつくっておくことで、生産数が少ない時には1つのセルで対応し、生産数が多い時には複数のセルを動かすことで生産数の変動にも強くなります。

　また一人生産はひとりで担当するので、品質に対する責任感やモチベーションが高まる効果も出ており多品種少量生産に向いています。

　そのため一人生産の作業者はすべての工程の作業ができる多能工でなければなりません。また設備を使用する場合には、セルの数だけ投資が必要となり減価償却費の負担が増えるので、一人生産の自動化レベルは治具化や安価な半自動化が向いています。

　ここまで見てきた生産方式のまとめを**図4.17**に示します。

モノの流し方	図 4.13 〜図 4.16 の事例		ボトルネック	不良検出タイミング	生産数対応力（記3）	仕掛品在庫
	10 個の生産期間（記 1）	1 個当たりの作業工数（記 2）				
ロット生産	3 名で 60 分	18 人・分 / 個	あり	遅い ↑	×（単能工）	多い ↑
1 個流し	3 名で 24 分	7.2 人・分 / 個				
一人生産	1 名で 60 分	6 人・分 / 個	なし	速い ↓	○（多能工）	なし ↓

　記1．連続生産せず、1ロット 10 個のみを生産する場合。
　記2．1 個当たりの作業工数＝（人数 × 時間）÷ 生産個数
　記3．ロット生産と1個流しは「単能工」、一人生産は「多能工」の場合。

図4.17　ロット生産・1個流し・一人生産のまとめ

✷ 多台持ちの単能工と多工程持ちの多能工

　作業者が複数の作業を担当する場合、「単能工」と「多能工」に分けられます。単能工が1つの工程を受け持つのに対して、複数の工程を受け持つことができるのが多能工です。設備主体で複数のラインがある場合に、単能工により同じ設備を複数台担当（多台持ちという）するか、もしくは多能工により前後工程の設備を担当（多工程持ちという）するかの選択になります（**図4.18**）。

　単能工は短期間で教育訓練を終えることができるので即戦力が期待できます。また同じ作業を受け持つことで習熟効果が早く現れることも利点です。

　それに対して多能工は複数の工程を担当するので、一定水準のスキルを身につけるまでには時間を要しますが、生産数に比例して作業者数を決めることが可能になります（単能工の場合は生産数が減っても作業者数は減らせない）。また、他の作業者の突然の休みにもサポートが可能になることから、単能工から多能工への育成が効果的です。

　単能工から多能工へのスキルアップは、事務職やサービス業にも活用できます。旅館やホテル業ではチェックインとチェックアウトの繁忙時間と食事の繁忙時間が異なるので、どちらも担当できる多能工化により省人化と業務の平準化をおこなっています。

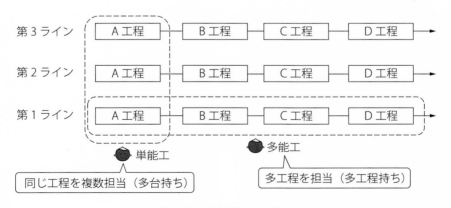

図4.18　単能工と多能工

コラム 情報システム活用の注意点

　効率よくつくるための「QCD」を一朝一夕で向上させることは簡単ではありません。これを違った視点から見れば、簡単には同業他社に真似されることができない強みになります。だからこそ地道にコツコツ取り組むことが大切になります。

　ここでコンピュータを使った情報システム（ITシステム）の活用についてお伝えしたいと思います。情報システムは、膨大なデータを瞬時に処理する優れた能力は周知のとおりです。モノづくりの情報システムとしては、品質管理システム、生産管理システム、在庫管理システム、日程管理システムといった多くのパッケージソフトが市販されています。

　しかし勘違いをしてはいけないことは、これらの情報システムがQCDの問題を解決してくれるわけではないことです。品質管理システムを導入した翌日から良品率が向上するわけではありません。生産管理システムを入れた途端に最少工数で作業ができるわけでもありません。在庫管理にしても日程管理にしても同様です。

　問題を解決するには、不良の発生原因を探って対策をおこなう、最少工数でおこなえる作業手順を細かく検討する、在庫が多く溜まる原因を探り在庫基準を決めるといった現場での取り組みが必須だからです。これには自分たちで考えて解決するしかありません。

　地道な改善取り組みによってQCDが向上したら、それを維持するために必要となる人手作業の管理業務を情報システムに任せることで業務効率の向上を狙います。ここではじめて情報システムが活きてきます。

　自分たちで問題を解決したうえで情報システムの活用を検討する。この順序をどうか間違えないように。

第5章

ムダの削減

5.1 ムダを削減する定番

✳ 現場改善をひとことで言えば「ムダの削減」

ここまでの章で現場の使命となる「製造品質Q」「製造原価C」「生産期間D」と「生産方式」についての基本知識を紹介してきました。本章からいよいよ実践編です。

QCDを高める現場改善をシンプルにひとことで言えば、「ムダの削減」になります。ムダを無くして使用効率や作業効率を上げる活動です。「ムダ」の反対語は「働き」です。働きとは価値のある作業で、第3章（3.4）で紹介した「正味作業」になります。わたしたちの仕事にひそんでいるムダを無くし、理想の「働き100％」に向かって現場改善で一歩ずつ近づいていきましょう。

✳ 働きとムダ

モノづくり現場で働きの比率はどのくらい占めるのでしょうか（**図5.1**）。研究者による調査では働きは全体の2,000分の1～3,000分の1に過ぎず、優良企業ですら200分の1～300分の1といわれています。この比率の少なさにはほん

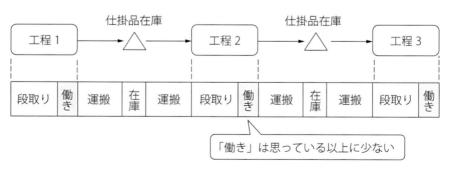

図5.1　働きとムダの比率

とうに驚かされます。

　そこで皆さんの現場において第1工程から最終工程までの各工程で働きの時間に注目します。たとえば第1工程がボール盤での穴あけ加工とします。このときの働きは工具のドリルが実際に切りくずを出しながら加工している時間だけになります。ドリルを選定し工作物を固定している段取りの時間は省きます。すると第1工程の働きの時間は1分にも満たないレベルではないでしょうか。こうして第1工程から最終工程までの働きの時間を合計します。おそらく何時間もかかる乾燥時間などを除くと、数分という単位だと思います。

　それに対して第1工程で生産を開始してから最終工程で完成するまでの生産期間はどれくらいになるでしょうか。単位は分ではなく、早くても数時間、数日、長ければ数週間にもなると思います。ここからも働きの比率は相当に低いことを実感できると思います。

❈ ムダの削減が最優先

　だからこそ改善はまず付加価値を生まない「ムダの削減」からおこない、付加価値を生む作業（以下働き）の改善は二の次にします。いま働きの比率が200分の1だとして、この働きを2倍に改善できたとしても、全体から見れば0.5％の改善にしかなりません。一方、ムダの比率は「200分の199」もあるので改善の効果は大きく期待できます。

　ムダの削減からおこなうもうひとつの理由は、働きの改善には技術開発が伴うためです。たとえば切削の加工時間を削減するために加工スピードを上げようとすると、加工精度や加工面の表面粗さが悪化する、工具寿命が短くなるといった技術課題にぶつかります。また長時間の乾燥時間を短縮するために温度を上げると、クラックが入る、表面が変色する、成分が変化するといった問題が生じます。これら技術課題の解決には時間も必要となります。このように働きの改善には技術開発と開発時間のふたつの壁が立ちはだかります。

　それに対してムダの削減には技術開発は必要なく、短期速攻で効果がでるので、現場改善はムダの削減から取り組みます。

✳ ムダを削減する手法は定番

　とてもありがたいことに、ムダを削減する手法はすでに確立しています。古今東西の先人たちが実践の中で完成させたものです。

　代表的な手法を紹介すると、以下のようなものがあります。

1）7つのムダ	ムダを見つける視点の明確化
2）動作経済の4原則	動作のムダの解決策
3）3S	作業環境の整備（整理・整頓・清掃）
4）段取り改善	品種交換の時間短縮

　これらの手法を大いに活用していきましょう（**図5.2**）。

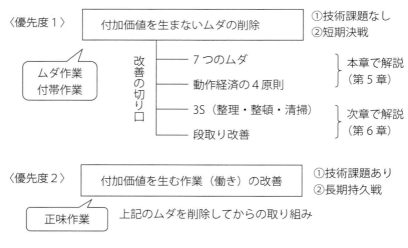

図5.2　改善の優先度と定番手法

ムダを見つける
7つの視点

❋ トヨタ生産方式が生みの親

前章（4.3）で紹介したように、大量生産でコストを下げるつくり方から、少量生産でも安くつくる方法としてトヨタ生産方式が生まれました。その中でムダを徹底的になくす切り口として紹介されたのが「7つのムダ」です。

ムダをなくすと一言でいっても、思っている以上に難しいことです。そもそもムダと気づかないからです。そこで業種を問わず大きな実績をあげているムダを認識するための7つの視点を紹介します。

1)	つくりすぎのムダ	計画よりも多く早くつくるムダ
2)	手待ちのムダ	人が価値を生まない時間のムダ
3)	運搬のムダ	モノの移動は価値を生まない
4)	加工そのもののムダ	本来必要ない加工のムダ
5)	在庫のムダ	余剰な在庫にはコストがかかる
6)	不良をつくるムダ	顧客の満足度向上と損失コストの回避
7)	動作のムダ	価値を生まない動作のムダ

❋ つくりすぎのムダ

「その日に必要な数しかつくらない」ことが基本です。それに対して計画より多くつくったり、計画より早くつくることがつくりすぎのムダになります。

いまラーメン屋さんを営んでいるとしましょう。時間が余っているから、人手が余っているからといって、必要以上にラーメンをつくるでしょうか。そんなことをすれば麺はのびるし、スープも冷えてしまいます。誰でもラーメンは、必要な量を必要なタイミングでしかつくりません。ところが自分たちのモ

ノづくりになると不思議とこの感覚がなくなります。

　時間が余っているから、人手が余っているからと、必要数よりも多く、必要なタイミングよりも早くつくると、連鎖してほかのムダが生じてしまいます。つくりすぎた分は保管しなければならないため、置き場のスペースが必要になり、置き場までの運搬が発生し、在庫となるのでその管理が必要になります。このように芋づる式にムダを引き起こすので「多くつくりすぎるムダ」と「早くつくりすぎるムダ」は7つのムダの中で一番よくないといわれています。

　もし必要以上につくる必要があるならば、その原因をつかむことが大切です。不良品が多いので余分につくる、設備のトラブルが多いので安定して動いているときに余分につくるといった原因です。すると不良削減や設備のトラブル対策がつくりすぎへの根本の対策になります（**図5.3**）。

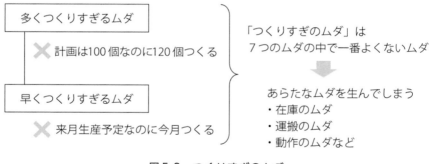

図5.3　つくりすぎのムダ

❊ 設備を監視する手待ちのムダ

　次の手待ちのムダもふたつの切り口で見てみましょう。「設備を監視する手待ちのムダ」と「前工程からの半製品待ちのムダ」です（**図5.4**）。

　前者の設備を監視する手待ちとは、稼働している設備をひたすらじっと見ている状況です。全自動の設備では材料投入や製品の取出し、段取り作業は作業者がおこないますが、いったん稼働が始まれば設備から離れることができるの

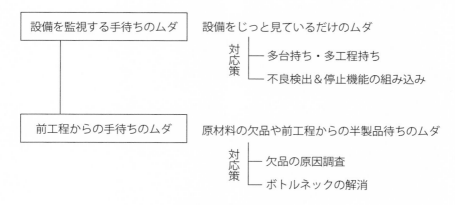

図5.4　手待ちのムダ

で、多台持ちや多工程持ちをおこないます。

　稼働中も設備を監視する必要があるのなら、何を見ているのかを作業者に確認してください。品質不良を見ているならば、設備に不良の検出機能と自動停止機能を組み込みます。設備開発や設備を購入する際にはこの機能は必須です。

　もし人が設備にぴったりつく必要があるならば高価な全自動設備ではなく、治具や半自動機を使った生産の方が効率的です。

✳前工程からの手待ちのムダ

　もうひとつの手待ちは、原材料の欠品や前工程からの半製品待ちです。欠品の場合には、なぜ必要なタイミングに供給できなかったのか、その原因をつかむことが一番大切なことです。そこから解決につなげます。

　またボトルネック工程の直後の工程は、前から半製品が流れてこないので手待ちになるはずですが、実際には手待ちになっている様子は見られません。それは前工程の能力に合わせてゆっくりと作業するからです。そのためボトルネック工程を見極めるには、各工程の作業内容を観察することが必要です。ボトルネック工程を改善すると、後工程の手待ちのムダがなくなり、生産能力が向上し、生産期間の短縮にもつながり一石三鳥の効果があります。

なおその日に計画していた生産数が完了すると、定時までの残り時間は手待ちになりますが、だからといって翌日分の生産をおこなうと先に紹介した「早くつくりすぎるムダ」になるので要注意です。この残り時間は3Sの整理・整頓・清掃をおこなったり、改善ネタを検討するのがお奨めです。

✳ 運搬のムダ

　運搬のムダは隠しようがないので一目瞭然です。工場の片隅に立ってフロア全体をながめると、なんとモノや人の動きが多いことでしょうか。これらモノの運搬やそれに伴う人の移動は価値を生みません。A地点にあるペットボトルをB地点に移すことでおいしさが増すならば価値のある作業になりますが、実際には何も変わりません。運搬はできる限り少なくすることに注力します。

　クルマの組立工場では、大きなシャーシ（フレーム）をコンベアで流しながら部品を取り付けています。普通に考えれば重くて大きなシャーシを固定しておいて、軽くて小さな部品を運ぶ方が楽に思えます（**図5.5**の **(a)**）。

　ところが部品点数が多いので、部品を車体に取り付ける作業よりも、部品棚からシャーシまで運ぶ運搬の手間の方が大きいのです。そこで部品倉庫の中にシャーシを流せば部品の運搬は最小で済みます（同図 **(b)**）。まさに逆転の発想です。

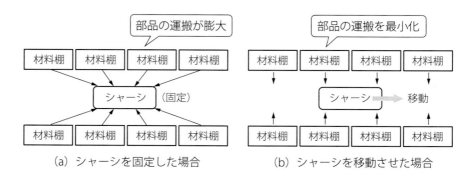

（a）シャーシを固定した場合　　　（b）シャーシを移動させた場合

図5.5　クルマの組立作業

　また**図5.6**のように作業台の上で製品を6つ単位で組み立てるとします。**(a)**図のように部品6つ分を持って作業台の回りを一周しながら組み付ける方法では、50個の部品で構成されていれば作業台を50周することになります。これでは部品を組み付けている時間よりも、歩いている時間の方が長くなってしまいます。

　これを**(b)**図のように、作業机を離して人が中に入れるようにすれば、歩く距離は一気に半減することができます。前章（4.4）で紹介したU字ラインはまさにこの成果を狙っています。運搬のムダをなくすことで、作業時間を短縮できるだけではなく、楽に作業できてミスも減るという一石三鳥の改善になります。本来は一人生産でひとつずつ完成させたいところですが、ベースとなる部品が大きかったり重い場合には運搬の作業性が悪くケガのリスクもあるので、こうした流し方も一手です。

　工場のレイアウト図に実際の動きどおりの線（これを動線という）を引いてみると、客観的に運搬の状態がわかるのでお奨めです。人が歩いていたら、1歩でも短くすることが改善のポイントです。

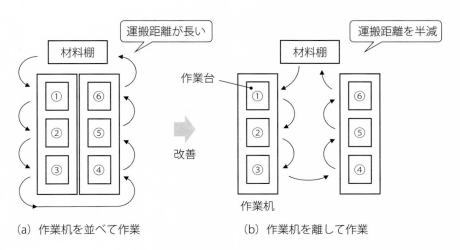

（a）作業机を並べて作業　　　　　（b）作業机を離して作業

図5.6　運搬の最小化

❋ 加工そのもののムダ

　加工はすべて価値のある作業と考えてしまいがちですが、ムダな加工も存在します。代表的なムダは作業のやり直しです。加工のやり直し、組立てのやり直し、配線のやり直し、検査のやり直し、データの再入力などです。

　本来は一度で完結するはずが、ミスなどで再度手掛けることはムダになります。また図面や仕様書よりも必要以上に高い品質にする加工は過剰品質となり、これも避けるべき加工のムダです。

　いまおこなっている加工を再度「価値の視点」で観察してみてください。

❋ 在庫のムダ

　モノが停滞している状態を在庫といいます。停滞が発生する場所により、「原材料在庫」「仕掛品在庫」「完成品在庫」と呼んでいます（図5.7）。

　在庫は置き場所のスペースが必要なだけでなく、出入りの数の管理や生産期間の長期化につながります。在庫はゼロが理想ですが、原材料在庫がなければモノをつくることができないし、見込み生産では完成品在庫を持つことが必須になります。そのため必要な在庫は持ったうえで、「余剰な在庫を削減すること」が、この在庫のムダ改善のポイントになります。

　在庫の金額は、数千万円や数億円といった高額になることは珍しくありません。この在庫管理の取り組みについては第7章で詳細を解説します。

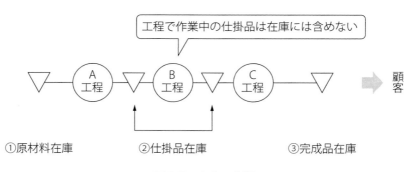

図5.7　在庫の分類

✴不良のムダ

　不良のムダは、まさに第2章の製造品質で紹介した内容です。不良品には大きなダメージがあり、ひとつはコストの損失です。材料費や労務費の損失に加えて、外部不良になると回収コストや交換コストといったコストが発生します。また企業の信頼にキズがつくといったコストに換算ができない大きなダメージが加わります。

　そこで合否を判定する「検査」と、そもそも不良をつくらない「予防」の二刀流で取り組みます。

✴動作のムダ

　価値を生まない動作を指します。たとえばモノを探す動作はまったく価値を生んでいません。またモノを持ち替える動作や、手を切りそうなので気をつけるといったことも広く動作のムダとして改善の対象になります。

　右利きの方はデスクの受話機を利き手と逆の左手で取ると思います。このときに電話機も左側にあれば最短距離で取ることができます。もし右側にあると左手を斜め右前へクロスすることになり、コードも目の前を横切るので右手のペンに干渉しないように避けなければなりません。これも動作のムダになります。

　その他の身近な例では、テレビのリモコンを使っていて不思議に思ったことはありませんか。テレビを見るときには「電源ボタンを押して」から「見たいチャンネルボタンを押す」という2回動作が必要です。しかし見たいチャンネルを押すと同時に電源も入る機能になっていれば、1回動作で済みます。この例は設計品質の問題になりますが、モノづくり現場での具体的なムダ対策は次項（5.3）の動作のムダを省く4つの原則で解説します。

5.3 動作のムダを省く 4つの原則

❋ 楽に作業する切り口

　動作のムダを省く4つの原則を「動作経済の4原則」と呼びます。そう聞くとなんだか経済理論のように感じますが、ひとことで言えば「楽に効率よく作業するための法則」になります。内容は7つのムダの「動作のムダ」の対策を具体的に展開したものです。

　この歴史は古く、ギルブレス（1868年–1924年、アメリカ）が提唱した法則です。ギルブレスが若いころに、レンガの積み方が個人ごとに異なっているのを見て、いかに速く簡単に積めるかに注目したことが最初といわれています。

　ムダな作業を省くために動作を細かく分解し、30項目以上の動作分析が生まれました。いまでは4つの基本原則として広く知られています。

　動作のムダを無くすための「動作経済の4原則」とは、

1）距離を短くする

2）両手を同時に使う

3）動作の数を減らす

4）楽にする

の4つになります（**図5.8**）。次にそれぞれの意味を見ていきましょう。

❋ 距離を短くする

　動かす距離が長ければ、時間も労力にもムダが生じます。そこで短くする距離を「モノを動かす距離」と「カラダを動かす距離」のふたつの切り口で捉えます。

　まず前者のモノを動かす距離については、モノを動かしてもモノの価値は変わらないので、工程間の距離、部品置き場との距離、工具箱との距離の最小化を狙います。

　もうひとつの切り口として、カラダの部位を動かす距離も最短を狙います。動作の中で一番距離が長い動きは歩くことです。一歩も歩かないことが理想ですが、それが難しくても一歩でも少なくなるモノの置き場を検討します。「一歩1円」といわれるのも、動作のムダを省く意識を高めるためのモットーです。

　その次に大きいカラダの動きは腰をかがめてモノを持ち上げることです。この動きは腰を痛める原因にもなるので、モノを置く高さも重要です。特に重くて持ちあげる頻度の高いモノは、もっとも楽な姿勢で取り出せる高さに置けるように工夫します。

　このように距離を短くすることで、動きのムダを無くすと同時に作業者の負荷を下げて疲労を低減します。次章で紹介する3S（整理・整頓・清掃）はまさにこの距離を短くするために必要な環境をつくります。

1．距離を短くする	「モノを動かす距離」と「カラダを動かす距離」の最小化
2．両手を同時に使う	手の動きもモノの置き場も左右対称が基本
3．動作の数を減らす	1回の動作で完結（1回つかんだら離さない）
4．楽にする	1）ミスが減り 2）スピードが上がり 3）安くつくることができ 4）疲れも最小限

図 5.8　動作経済の4原則

✹両手を同時に使う

　ある部品をネジ4本で固定するとします。ネジの入った小箱を渡されて、これでネジを締めてくださいとお願いされたら、どのようにネジを箱から取り出しますか。おそらく利き手で1本ずつ取り出す方が多いと思います。

　これが量産での組立作業であれば、効率のよい作業とはいえません。なぜならもう片方の手は遊んでいるからです。7つのムダの視点で見れば、片手が「手待ちのムダ」になっています。これではもったいないので、箱からは両手で取り出します。両手を同時に使うだけで作業効率は2倍になります。

　人のカラダは左右対称にできているので、動作も左右対称が理想です。右手と左手を対称の動きにするために、部品の置き場も真ん中に置くか、箱をふたつに分けて左右対称の位置に置くのも一手です。どちらがよいのかは、部品の大きさや入れる量にもよるので、試してみて楽な方を選択します。

✹動作の数を減らす

　探すムダ、選ぶムダ、仮置きするムダ、持ち替えるムダといった価値を生まない動作を減らします。すべて一回の動作で完結させることを狙い、モノは1回つかんだら離さないことが基本です。つかんだものを離せば、モノの位置がずれるので、次につかむ際には再び位置を合わせることが必要になります。すなわち一度でも離せば、「離す」「位置を合わせ直す」「つかみ直す」の3つの動作のムダを引き起こしてしまうからです。

　また価値を生まない動作を広く捉えます。たとえば「暗いので目をこらす」「まぶしくて目を細める」「音がうるさいので気にする」「くさいにおいが気になる」「やけどをしそうなので気をつける」「すきま風が気になる」といった、一見ささいなこともムダな動作と捉えて無くすことを試みます。

✹楽にする

　現場の作業は朝から夕方まで続きます。無理な姿勢や腕力が必要な作業では安定したモノづくりが難しくなります。そのために「楽で」「安全な」作業環

境が必要です。たとえば楽に作業できる最適な作業台の高さはいくらでしょうか。こういう場合には、すでに世の中に答えがないかを調べてみましょう。身近で長時間立ち作業をおこなう場所といえば自宅のキッチンです。キッチン台の上で包丁やフライパン、重いシチュー鍋を扱います。このようにキッチン台は、人間工学の視点から最も疲れが少ない高さに設計されています。

こうした世の中にある情報をどんどん活用します。ただし扱うモノの大きさや重さや作業者の身長も影響するので、あとの微調整は実際に作業して決めればよいのです。

このように楽に作業できる環境ができれば、作業にリズムが出ることで、次のように一石四鳥の効果があります。

1）ミスが減り
2）スピードが上がり
3）安くつくることができて
4）疲れも最小限

❉ ヒューマンエラーの予防策

この章の最後に、作業に伴うミスについて考えてみたいと思います。意図しない人為的ミスをヒューマンエラーといいます。どんなに責任感を持っていても「人はミスを起こしてしまう」「人は忘れてしまう」ことを前提に現場改善を進めておくことが大切です。そうしなければ問題が生じるたびに「もっと責任感を持つこと」「もっと真剣に取り組むこと」といった精神論の対策になってしまうからです。

だからといってミスを許容していては、モノづくりの責任を果たすことができません。そのため業種を超えてさまざまな対応策が検討されてきました。

その一例が「環境づくり」「チェックリストの活用」「指差し呼称」「ポカヨケ」、そして第2章（2.3）で紹介した「ダブルチェック」です（**図**5.9）。

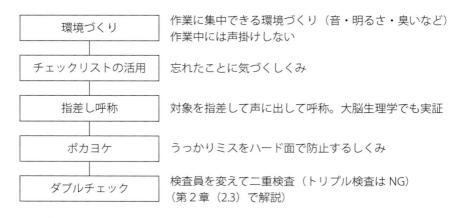

図5.9　ヒューマンエラーの防止策

✳ 環境づくりとチェックリストの活用

　環境づくりは、作業に集中できる環境整備です。騒音や臭いやすきま風など
は集中力を妨げます。適度な明るさや作業台の適正な高さ設定も大切です。ま
た顕微鏡検査での酔い防止も必要です。長時間顕微鏡をのぞいていると眼精疲
労やめまいや吐き気、乗り物酔いと同じような気分の悪さに襲われます。その
ために顕微鏡の左右の視度調整をきちんとおこなうことや、適度な休憩をとる
ことも大切な環境づくりです。

　また作業中に声を掛けると作業が中断されるので、作業を再開する際に前後
の動作を忘れてしまうリスクも大きくなります。作業者への声掛けは一区切り
ついたタイミングでおこなうことも大事なルールです。

　チェックリストの活用も有効です。人は神さまではないので忘れることがあ
りますが、忘れたことを忘れなければよいのです。そこでチェックリストは忘
れたことに気づくしくみになっています。ただし慣れてくると、チェックリス
トのチェック欄に無意識で✓をしてしまう懸念があるので、次に紹介する指差
し呼称をしながらチェックをおこないます。

✳ 効果の大きい指差し呼称

指差し呼称は、駅員さんがおこなっているのを目にすると思います。腕を伸ばして指を差し、はっきりした声で「前方、ヨシ！」と呼称する方法です。対象物を「指差し」、声に出す「呼称」で確認をおこないます。

一見単純なことに思えますが、ヒューマンエラーの防止に大きな効果を生んでおり、大脳生理学でも以下のような有効性が実証されています。

---

1) 指を差すことで、腕の筋肉が大脳を刺激する
2) 指す場所を見ることで、大脳を刺激する
3) 声を出すことで、聴覚も刺激する

✳ 指差し呼称の効果

鉄道総合技術研究所での1994年の実験結果を紹介します。操作ボタンの押し間違いの発生率を「指差しも呼称もしなかった場合」「呼称のみおこなった場合」「指差しだけおこなった場合」「指差しと呼称を共におこなった場合」の4つのパターンでデータ取りした結果、ミスの発生率はそれぞれ2.38％、1.0％、0.75％、0.38％になっています。すなわち何もしない場合と比較して「指差し」と「呼称」の両方をおこなえば、ミス率は6分の1以下（2.38％から0.38％に改善）になっていることがわかります。人命を任されている鉄道、バスといった業界で長年活用され続けているのは有効性が一番高いからです。

この効果的な指差し呼称をわたしたちのモノづくりにも展開していきたいものです。指差し・呼称の方法は、作業の要所で、

---

1) 腕を伸ばし、しっかりと対象物を指差し、
2)「○○○、ヨシ！」と、はっきりした声で呼称確認をおこなう。

たとえば「スイッチ、ヨシ！」「バルブ、ヨシ！」「温度25℃、ヨシ」といった確認です。本件は第8章（8.6）でも補足説明します。

✳ ポカヨケは非対称設計

　ポカヨケは、うっかりミスをハード面で防止する対策です。ポカをよけるのでポカヨケと呼んでいます。身近な例では、クルマのギアがP（パーキング）の位置になければエンジンが始動しない構造や、挿入方向を間違えると差し込めないデジタルカメラの電池の構造はその一例です。

　モノづくり現場では、たとえば治具や設備に原材料や部品をセットする際に上下左右などの向きを間違えるとセットできない工夫をおこないます。このポカヨケは非対称設計が基本になります。対称形では上下逆でも左右逆でも前後逆でもセットできてしまうからです。事例を**図5.10**で紹介します。

（a）面当たり方式の例（非対称設計）

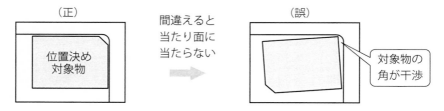

（b）丸ピン方式の例（非対称設計）

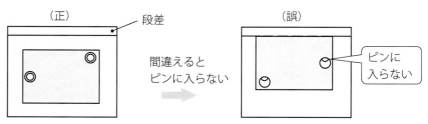

図5.10　ポカヨケの事例

第6章

3Sと段取り改善

6.1 整理・整頓・清掃の3S

❋ モノづくりの基本となる3S

「整理」「整頓（せいとん）」「清掃」「清潔」「しつけ」の頭文字Sを並べて5S（ゴー・エス）と呼んでいます。多くのモノづくり現場の壁や廊下に「5Sを進めよう」「5Sを徹底しよう」といった貼り紙をよく目にします。このようにモノづくり現場の基本として広く知られています。

また5Sのはじめの3つを取って3Sといいます。5Sの最後の「清潔」と「しつけ」は、3Sを維持し習慣化することなので、基本は3Sになります。

本書も3Sの「整理」「整頓」「清掃」に絞って紹介します（図6.1）。

3Sといえども、実践するのは思っている以上に難しいものです。この章では3Sを実践する上でのコツをお伝えします。

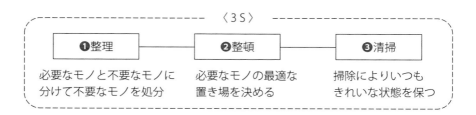

〈3S〉

❶整理	❷整頓	❸清掃
必要なモノと不要なモノに分けて不要なモノを処分	必要なモノの最適な置き場を決める	掃除によりいつもきれいな状態を保つ

3Sの維持・習慣化

❹清潔（3Sの維持）	❺しつけ（習慣化）

図6.1　3Sと5S

❋ 不要なモノを処分する整理

　わたしたちは小さい頃から「整理整頓しなさい」と教えられてきましたが、モノづくり現場では「整理」と「整頓」を分けて理解することが大切です。

　整理とは「必要なモノと不要なモノに分けて」「不要なモノを処分すること」です。処分する一番手っ取り早い手段は廃棄ですが、もし売れるものならば売却し、他部門で役立つならば転用します（**図6.2**）。

　この整理により「必要なモノだけが残っている状態」を目指します。

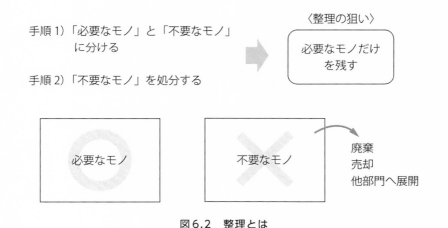

手順1）「必要なモノ」と「不要なモノ」
　　　　に分ける

手順2）「不要なモノ」を処分する

〈整理の狙い〉

必要なモノだけ
を残す

必要なモノ

不要なモノ

廃棄
売却
他部門へ展開

図6.2　整理とは

❋ 最適な置き場を決める整頓

　次の整頓は、必要なモノの「最適な置き場を決めること」です。作業効率を考えて、手を伸ばせば届く場所に置きたいものです。とはいえ、すべてを近場に置くのは難しいので、使用頻度の高い順番に置くのが現実的です。毎回使うモノは手の届くところに、使用頻度の低いモノは壁際のラックに分けて最適な置き場を検討します。

　もうひとつ整頓で大事なことは、「必ず同じ場所に戻せる工夫をすること」です。違った場所に戻されてしまうと、次に使う人はそれを探さなければならず、取り間違いのリスクも発生します。

❈ 整理・整頓ができていないことの問題点

　整理・整頓ができていなければ、必要なモノと不要なモノが混在するので現場はモノであふれてしまいます。通路にまではみだすこともあり、スペースのムダが発生します。

　また置き場所が決まっていなければ、必要なモノを片っ端から探すことになります。10分、15分と探しているケースも珍しくありません。そのうえ似た品番で取り間違いをおこせば踏んだり蹴ったりです。

　乱雑に置かれることで足を引っかけて転倒したり、重ねて置いた箱が崩れるといったケガのリスクも発生します。また掃除がしにくいのでホコリもたまりやすく、製品の品質にも影響を及ぼしかねません。

　そして何よりも乱雑な風景を目にすることで、ルールを守らなくてもよいという規律を乱す空気感が生じてしまいます。

❈ なぜ捨てられないのか

　モノを捨てられない理由のひとつはもったいないという想いです。わたしたちは小さいころからモノを大切に扱うことを教えられてきました。資源の少ない国なので、特にこの想いは強いと思います。

1）捨てるのはもったいないという想い
2）いつかは使うかも知れないという想い
3）置いていても特に問題はないという想い
4）捨てたあとから必要となったときに責任を問われる懸念

　その一方、モノづくり現場に不要なモノが置かれていることへの不満や不便さを感じているのではないでしょうか。その対応策を次項で紹介します。

6.2 整理を進める手順

✳ 整理が難しい原因

3Sの中で最も難しいのがひとつめの整理です。この整理のコツを紹介します。整理が進まない最大の原因は「不要なモノの判断基準が決まっていないこと」と「廃棄を担当者任せにしていること」の2点です。

3Sだけは多数決が効かない世界です。メンバーの一人でも「これは必要」といえば、必ずといってよいほど残すことになります。そのために誰もが同じ判断基準で必要か不要かを区別できるようにすることが必須です。そのために不要なモノの判断基準が必要になります。

✳ 不要なモノの判断基準を決める

不要なモノの判断基準に正解はありませんが、どこでも使用できる便利な事例を紹介します（**図6.3**）。それは時間軸で判断することです。過去と将来の2つで見ていきます。過去については「1年間で1回も使ったことがなく」、将来については「今から3か月以内に使う予定がないこと」の2つの条件を同時に

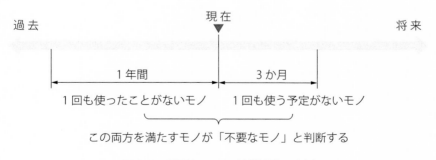

図6.3　不要なモノの判断基準の事例

満たしたモノを不要と判断します。この基準であれば個人差はでません。

　この1年や3か月という期間に深い根拠はありませんが、経験上いい感じの数字だと思います。必要であればこの期間を自社に合わせて見直してください。この際に治具や設備のメンテナンス部品は万一のトラブルに備えるものなので、この基準の対象外で問題ありません。

　とにかく大事なことは判断基準を個人任せにするのではなく、判断結果が満場一致となるように「判断基準を決めること」です。

❋ 整理する際の準備

　不要なモノの判断基準を決めたら、さっそく対象のエリアを決めて整理をおこないます。できるだけ複数メンバーでおこなうことをお奨めします。ひとりでは基準を決めていても私見に引きずられるリスクがあるからです。

　複数メンバーで判断基準に従って、淡々と必要なモノと不要なモノを区別していきます。不要と判断したモノには印をつけていくのが便利です。よく知られているのは赤札作戦です。不要なモノに赤札を貼っていきます。たとえばA6サイズくらいの大きさの赤紙をひとり20枚ほど持って、不要なモノにセロハンテープで貼っていきます。他の張り紙と混同しないように赤紙としているだけなので、赤紙でなくても見分けがつけば問題ありません。

❋ 対象エリアは小さく区切って

　整理の対象エリアが広い場合には、範囲を小さく区切って順に整理をおこなってください。広い範囲をはじめはゆるく整理し、2回目は厳しく整理するというように強弱をつけて進めるやり方はお奨めしません。

　判断基準を決めているので強弱をつける意味がありませんし、整理は思っている以上に劇的に現場の風景が変わるので、徐々におこなうより一気に完結していく方がモチベーションも高まります。

　普段は目にしない設備の裏側やパーテーションの奥側、またロッカーや机の引き出し、ホコリにまみれた段ボール箱まですべて開けて整理します。

☀ 管理監督者が廃棄承認をおこなう

　赤紙をすべて貼り終えたら、不要なモノをフロアの空きスペースに集めます。これらを廃棄もしくは売却するのですが、ここで大切なことは工場長や製造部長といった権限を持った管理監督者が、赤札を貼ったメンバーの前で「廃棄や売却の承認をすること」です。

　その理由は、以下のとおりです。

1）不要なモノが財務上で資産扱いになっている場合に、一般社員には廃棄する権限はないため。
（資産扱いのモノを廃棄する際は、決算において廃棄損を計上しなければならない）
2）メンバーの前で廃棄承認してもらうことで、廃棄の責任は会社が負うことを明確にするため。

　もしも廃棄した後に万一使う予定が入ったとしても、廃棄したメンバーの責任にはならないことが大切です（**図6.4**）。

　1）「必要なモノ」と「不要なモノ」に分けるために

　　　　　不要なモノの「判断基準を決める」こと！

　2）「不要なモノ」を処分するために

　　　　　廃棄の責任は「管理監督者が持つ」こと！

図6.4　整理の決め事

❊ 不要なモノがなぜ発生したのかを考える

一箇所に集めた不要なモノを目の前にして、なぜこれらが不要になったのかを議論することも効果的です。余分に買いすぎていたのか、共有できるのに個人ごとに持っていたのか、再利用できないかなどいろいろな意見やアイデアが出てくると思います。

こうした議論をすることで、今後不要なモノが発生するリスクを抑えることが可能になります。

❊ 整理の手順のポイント

整理の手順をまとめておきましょう。

---

1) 不要なモノの判断基準を決める→これがないと絶対に進まない

2) 対象エリアを決める→狭い範囲からスタート

3) メンバーを集める→できれば4～5人くらい。ひとりでの実施は避ける

4) 赤紙をひとり20枚用意→目立つものなら赤紙以外でもOK

5) 30分ほどで不要なモノに貼り付ける→遠慮なく貼る

6) 不要なモノを一箇所に集める→軍手をはめてケガに注意

7) 管理監督者に廃棄承認をもらう→メンバーの前で廃棄宣言

8) なぜ不要になったのかを考える→理由とその対策を検討

9) 廃棄もしくは売却→すぐに処分

10) 次回の対象エリアを決める→次回のエリアと日程を決める

この整理をおこなうと実感するのですが、はじめはおっかなびっくり赤紙を貼ることになりますが、一旦貼りだすと違和感はまったくなくなり、赤紙が足りなくなるくらいです。

また不要なモノを一箇所に集めると、その数の多さにおどろくと同時に、不要なモノがなくなり現場がスッキリします。

6.3 整頓と清掃を進めるコツ

✳ 最適な置き場を決める整頓

ここまで整理の手順を紹介してきました。整理が完了すれば、必要なモノだけが残っている状態になります。その次はモノの置き場を決める整頓です。

整頓をおこなうコツは「モノの置き場を決めて」「同じ場所に戻せる工夫をおこなう」ことの2点です（**図6.5**）。置き場所は、よく使うモノは手元に、そうでないモノは棚に収納するといったように、使用頻度に応じてメリハリのある置き場所を検討します。

そのうえで同じ場所に戻せる工夫をおこないます。モノと置き場の両方に番地を明示しているよい事例は図書館の本です。本棚に番地が記されており、本の背表紙にも番地が貼ってあるので必ず同じ場所に戻せます（**図6.6**の **(a)**）。置き場に写真を貼り付けておくことも有効です。文字よりも形の方が認識しやすいためです（同図 **(b)**）。

手順1　モノの最適な置き場所を決める

　　1）よく使うモノは近場の手の届く場所に
　　2）使用頻度の低いモノは離れた場所に

手順2　同じ場所に戻せる工夫をおこなう

もし同じ場所に
戻せなければ
　　　── 探すムダが発生
　　　── 取り間違えるリスクが発生

図6.5　整頓とは

また工具置き場では工具の外形を実物大で書いておくことで、戻す際に直感的にわかりやすい工夫（図6.6の (c)）も効果的です。

キャビネットに収めるファイルには、正しく置いた状態で背表紙に斜めに一本線を入れておけば、順番を間違えてもすぐに気づくことができます（同図 (d)）。こうした工夫を考えるのも楽しみのひとつだと思います。メンバーが集まってワイワイガヤガヤと話し合ってみてください。

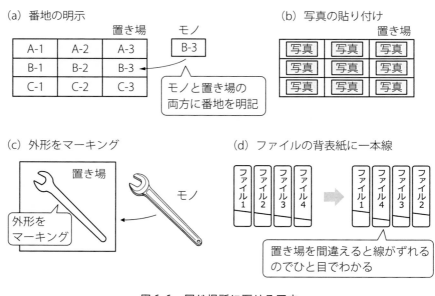

(a) 番地の明示

置き場　　モノ

A-1	A-2	A-3		B-3
B-1	B-2	B-3
C-1	C-2	C-3

モノと置き場の両方に番地を明記

(b) 写真の貼り付け

置き場

写真	写真	写真
写真	写真	写真
写真	写真	写真

(c) 外形をマーキング

置き場

外形をマーキング

モノ

(d) ファイルの背表紙に一本線

ファイル1　ファイル2　ファイル3　ファイル4　➡　ファイル1　ファイル4　ファイル3　ファイル2

置き場を間違えると線がずれるのでひと目でわかる

図6.6　同じ場所に戻せる工夫

✳ 整頓と整列はまったく別物

ときどき「整頓しても一か月もしないうちに乱雑になってしまう」という声を聞くことがありますが、その原因はきれいに並べ替えただけで、置き場を決めていないからです。きれいに並べることを「整列」といいますが、これでは戻す場所が毎回異なるので、次に使用する際に「探すムダ」や「取り間違いのリスク」が生じてしまいます。

✳ 扉やカバーを取りはずす

モノを保管する棚やロッカーの扉やカバーはできるだけ取りはずすことをお奨めします。人の目に触れないところにモノは溜まりやすいからです。

測定器や検査冶具はホコリを防ぐ必要があるので、扉付きのロッカーで保管しますが、これ以外では扉をはずして外から見えるようにします。これも整理・整頓が継続するコツになります。

また現場では両手でモノを持つこともよくありますが、棚に扉があると「モノをいったん横に置いて」「扉をあけて」「もう一度持ち直す」という、3つの余分な動作が必要になります。扉がなければムダなく1回で置くことができます。

✳ 消耗品は補充カードを活用

消耗品の置き場は残個数がきちんと見えるように保管します。段ボールに入っているものは、蓋は切り取って誰もが見えるようにしておきます。毎回蓋を開け閉めしていると残個数が見えなくなるので、蓋を開けると空だったという事態を避けるためです。

逆に消耗の激しいモノは欠品を怖れて多く手配してしまうリスクがあるので、一定量まで減れば追加発注する補充カードをつくっておくのもひとつの方法です。カードには「品名・発注個数・発注先・単価・納期・発注担当者名」を記しておき、発注タイミングとなる箇所にこの補充カードをはさんでおきます。使用していて補充カードが出てきたら、資材購買部門の担当者に渡して、手配してもらいます。

手配品が入荷したら補充カードも一緒に消耗品保管棚に戻しておくことで、発注忘れの防止だけでなく余剰も防ぎ、消耗品の管理も楽になります。

✳ 整理してから整頓を

整理と整頓をおこなう順番はとても大事です。必ず「整理」をしてから「整頓」です。間違っても整頓からスタートしないようにしてください。整理をしていない、すなわち不要なモノが含まれている状態のまま整頓をおこなうとい

うことは、不要なモノの置き場を決めるということです。これでは効果が半減してしまいます（**図6.7**）。

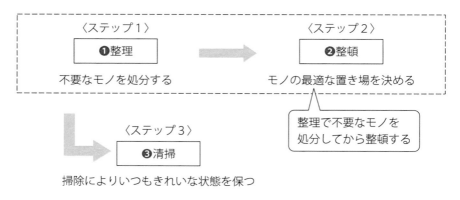

図6.7　整理してから整頓そして清潔

✳ きれいな状態を保つ清掃

3Sの最後の清掃を見ておきましょう（**図6.8**）。モノづくり現場だけでなく、スタッフ室や会議室も想像している以上にホコリは舞っています。部屋を暗くしてプロジェクタを投影すると大気中を舞うホコリが光に反射してよく見えます。モノを放置しておくと、こうしたホコリがたまるので定期的に掃除します。また水や油を扱う場所ではしぶきが飛散しないようにカバーをつけます。

きれいな状態になると、汚れることに違和感を覚えるようになります。廊下に落ちているチリひとつが気になるので拾う、水洗いしたときに飛び散った水しぶきをすぐに雑巾で拭く、パソコンのキーボードの汚れをウエスで拭くといった習慣につながっていきます。

ゴミの収集場所がいつも汚れている地区は泥棒が入りやすいとか、トイレ掃除をすると幸せが舞い込むといった昔からの言い伝えは、まんざら迷信ではないかもしれません。

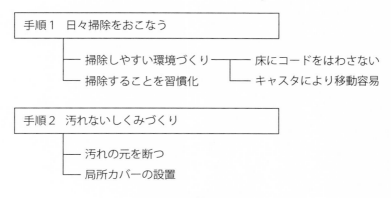

図6.8　清掃のコツ

❋ 掃除のしやすい環境をつくる

　電源コードやエアホース、真空ホースといったコード類はできるだけ床をはわすことを避けます。コード類が床をはうとホコリやゴミがたまりやすいうえに、掃除機やモップがコードに引っかかってしまいます。掃除がやりにくいとなかなか習慣につながりません。その対策としてコード類を天井から下ろせれば理想ですが、それが難しい場合はコード類を設備やワゴンの側面に結束バンドで固定して床から浮かすことも効果的です。

　もうひとつのコツはキャスタをつけることです。デスクの椅子にはキャスタがついているので、机の下も掃除機をかけやすくなります。これと同じように掲示板や作業机にもキャスタをつけることで軽く移動できれば、掃除のしやすさだけでなくレイアウト変更の際にも便利で一石二鳥です。

　なお掃除に圧縮空気を使ったエアーガンを使うことは避けたいものです。エアーガンはA地点のホコリをB地点に吹き飛ばしているだけです。掃除機を使ってホコリを回収しなければ決してきれいになりません。

❋ スタッフ室も3Sの対象

　モノづくり現場のスタッフ室や会議室も3Sの対象です。ここにはフォルダ類が多くあると思うので、必要なファイルか不要なファイルかを区別します。会社ルールで保管期間が決まっているものは、段ボールに入れて保管期限をわかりやすいように上面と側面に表示しておき、半年や1年ごとの棚卸しの際に確認して、保管期限を過ぎたものは廃棄します。

　機密文書はシュレッダーで廃棄しますが、分量が多ければ、専門業者に依頼するのも一手です。

❋ ノートパソコンのメールも整理

　ここまでモノの3Sを紹介してきました。次は情報の3Sです（**図6.9**）。皆さんのノートパソコンには何年前のメールが保存されていますか。1年前など当たり前で、3年前や5年前のメールが保存されているかもしれません。膨大なデータなのでパソコンの動作も重くなってしまいます。ひとつずつのメールを確認することは難しいので、「何年前のメールはすべて削除」といった基準を

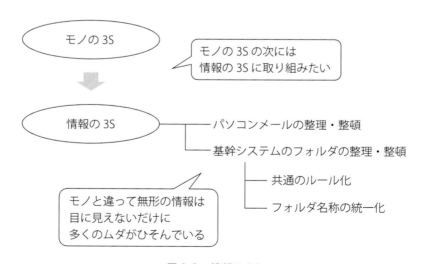

図6.9　情報の3S

決めることもひとつの方法です。

　ノートパソコンのトップ画面にアイコンを貼り付けている様子もときどき見かけますが、これも整理・整頓の対象です。

✳ データフォルダの整理・整頓

　会社の基幹システム上のフォルダも整理・整頓が効果的です。不要なデータの基準を決めて整理します。整頓への取組みでは、フォルダ体系を個人任せにせず共有のルールを決めることが大切です。放置すると個人フォルダ内で処理する習慣がついてしまいます。これでは情報の共有化はできません。

　フォルダ名称の付け方もルール化しておくと便利です。たとえば議事録のタイトルひとつとっても個人ごとに異なります。同じ会議でも「A製品クレーム対応議事録」「A製品品質不良議事録」「品質改善打ち合わせ議事録」などさまざまです。これも統一しておきたいものです。

　またタイトル名に会議の日付を入れておくとわかりやすくなります。日付は6桁であらわし、2021年9月5日であれば210905とします。「210905品質クレーム対応議事録」といったタイトル名で統一します。この事例では時系列での管理が便利なので日付をタイトルの冒頭につけています。

✳ 常に余白のスペースを持つ意識

　この項の最後に、ご自身の机の引き出しを開けてみてください。前面の引き出しには文房具類、袖机にはファイルなどが目いっぱい入っていませんか。引き出しの大きさに関わらず、どの段も満タンになっているのではないでしょうか。しかしこの半年に一度も使ったことが無いものもあるかと思います。不思議なことに、人は空いたスペースがあれば、無意識にモノを詰め込むクセがあるようです。

　現場の作業机の上もモノであふれている風景を見かけます。机は検査結果を記録したり、図面を確認するためのものです。決してモノの置き場ではありません。常に余白のスペースを持つことを意識しましょう。

6.4 段取り改善の進め方

汎用ラインと段取り作業

第4章（4.3）で紹介したように少量生産では、類似した同系統の品種を流すことができる「汎用機」を用いた「汎用ライン」が一般的です。品種交換の切り換えの作業を段取りや段取り替えといいます。この段取り作業に時間がかかったり調整がしにくかったりすると、できるだけ段取り回数を減らそうとして同じ品種を続けて流したくなるのが人情です。

そうするとA製品をまとめて流したあとにB製品をまとめて流すAAABBBといった流れになります。この流し方では段取り回数は少ないものの、顧客はA製品を先に欲しいわけではなく、どの日もA製品もB製品も欲しいので、完成品在庫で対応することになります。これを顧客の注文に応じてABABABやAABABBと流せることが理想です。そのためには段取り作業が「容易に」「短時間で」できることが必要です。それにより可動率（べきどうりつ）も向上して、一石二鳥の取り組みになります。

段取り作業への対応

段取り作業を容易に短時間でおこなうには「製品設計」と「現場作業」の二面で対応します（**図6.10**）。

製品設計では、同じ設備・同じラインで流すことができる製品設計をおこないます。

モノづくり現場では、生産ラインをボタンひとつで自動切り替えできればよいのですが、それではメカ機構もソフト機能も複雑になりコストもかかります。そこで人手作業により切り替えをおこないます。その対応としてソフトとハードの両面で工夫をこらします。

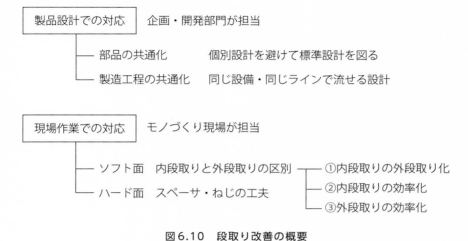

図6.10　段取り改善の概要

✳️設計の共通化

　まず製品設計での対応策を見てみましょう。これは企画・開発部門の担当ですが、参考までに紹介します。

1）部品の共通化

　使用する部品を品種ごとの「個別設計」ではなく、品種間で共通に使える「標準設計」とします。また人手作業でも設備を使用する場合でも、位置決めの基準を変えると段取り作業が多くなるので、端面基準や穴基準といった基準は同じにします。

2）製造工程の共通化

　A工程、B工程といった製造工程も共通にすることで、同じ設備・同じラインで違った品種を流せる設計とします。

　以上のふたつの共通化により、複数の品種を「汎用機」を使って「汎用ライン」でつくることが可能になり、段取り作業も必要最小限にすることができます。

❊ 内段取りと外段取り

次にモノづくり現場での対応を見てみましょう。ポイントは段取り作業を「内段取り」と「外段取り」に分けることです。

> ▶ 内段取り　生産を止めておこなう段取り作業
> ▶ 外段取り　生産を止めずに生産中におこなう段取り作業

生産を止めれば生産量が減るため、好ましいのは後者の生産を止めなくてもよい外段取りです。そこで、段取り改善の取り組み優先度は、

> 優先度1）いまおこなっている内段取りを外段取りに移すこと
> 優先度2）内段取りを短時間でできるように工夫すること
> 優先度3）外段取りを短時間でできるように工夫すること

❊ 内段取りを外段取りに移す

内段取りを外段取りに移す改善は、工作機械や生産設備の場合に効果的です。ポイントは設備が稼働している間に次に流す品種の準備をおこなうことです。いまおこなっている内段取りの作業内容を細かく書きだして、ひとつずつ外段取りに移せないかを検討します。意外と移せる作業がみつかるものです。

たとえば金型で生産している場合の段取り作業が、①次に流す品種をスタッフ室の掲示板で確認する、②金型置き場に移動して次に使用する金型を取り出す、③金型を設備横までクレーンで移動、④次に流す材料を準備、⑤生産終了した金型をはずし、⑥次の金型を取り付ける、⑦材料を設備に投入、⑧はずした金型を金型置き場に戻す、の8つの作業とします（**図6.11**）。

もしすべて内段取りであれば、①から⑧の作業時間の合計が設備の停止時間になってしまいます。しかし①、②、③、④、⑧の5作業は設備が稼働している間におこなえるので、外段取りに移すことが可能です。これで設備の停止時間は⑤と⑥と⑦の3作業だけになり、大幅に改善することができます。

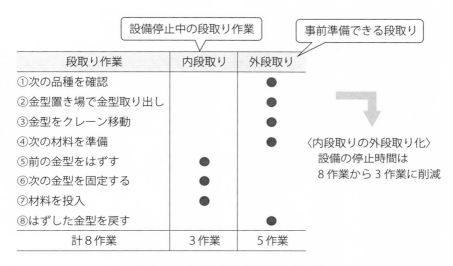

図6.11　内段取りと外段取りの事例

✳ 内段取りの位置決め時間短縮策

　先の事例で⑤と⑥と⑦の作業はどうしても内段取りとして残ります。そこで次の改善として、この内段取りの時間短縮を狙います。

　内段取りの主な作業は「位置決め」と「固定」です。この位置決めで避けるべきは、現物に合わせて毎回位置を調整する方法（これを現物合わせや現合調整という）です。これは試行錯誤を繰り返すので、時間を必要とするうえに位置決めの精度にバラツキが生じます。

　その対策として固定したい位置に印や線を引いておき、これに合わせる方法があります。位置の目安ができるので現物合わせよりは楽になりますが、あくまでも目視なのでバラツキは無くならず、位置が決まったと思ってねじで締め付けると、ねじの回転力を受けて位置がずれるリスクがあります。

　その対応策として端面基準の「当たり方式」や、穴基準の「ピン方式」が適しています（**図6.12**）。端面基準の「当たり方式」は固定したいモノの二面に当てて位置決めする方法です。当てる面はモノの基準面に合わせます。

　一方、形状や外形寸法がばらつく場合には、端面基準では位置が決まりませ

ん。これには位置決め対象物に穴をあけて、この穴に位置決めピンを挿入して位置を決める「ピン方式」が適しています。この「当たり方式」や「ピン方式」は誰もが短時間に正確に位置決めできることがメリットです。

　また交換する部品点数が多い場合には、複数の部品を組み込んだユニットやブロックとよばれるかたまりごと交換することで、作業の効率化を図ります。

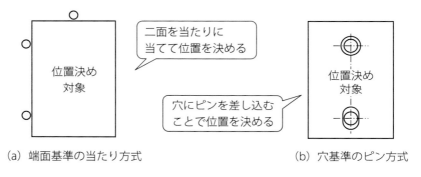

（a）端面基準の当たり方式　　　　　　　　　　　（b）穴基準のピン方式

図6.12　端面基準と穴基準

❋ スペーサによる位置調整

　前述の当たり方式において、品種ごとに基準位置が変わる場合には、品種に対応したスペーサを用いる方法とねじで調整する方法があります。

　品種ごとにスペーサを交換する方法は、ワンタッチで作業できることが特徴です（**図6.13**）。間違ったスペーサを使用しないように、スペーサに刻印を打ったり色付けしたりすることでミスを防ぎます。

❋ ねじによる位置調整

　品種が多い場合や基準位置が毎回変わる場合には、ねじを使って位置変更する方法があります。ねじの回転によりネジ先端を出し入れすることで所定の寸法に合わせます（**図6.14**の **(a)**）。精密な位置決め精度が必要な場合には、一般的に用いられている「並目ねじ」ではなく「細目ねじ」を採用します。

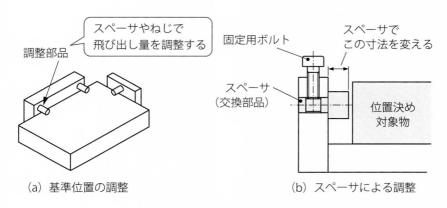

（a）基準位置の調整　　　　　（b）スペーサによる調整

図6.13　スペーサによる位置調整

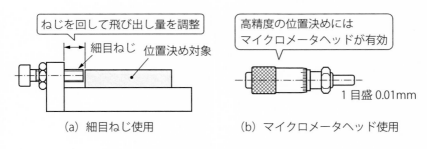

（a）細目ねじ使用　　　　　（b）マイクロメータヘッド使用

図6.14　ねじによる位置調整

　並目ねじと細目ねじの違いは、ねじ山の間隔をあらわすピッチです。ピッチはねじ径ごとにJIS規格（日本産業規格、2019年に日本工業規格より改称）で決まっており、ねじを1回転させたときに進む量になります（**図6.15**）。

　たとえばねじ径がM6の場合、並目ねじのピッチは「1mm」、細目ねじのピッチは「0.75mm」なので、1回転させたときに進む量が少ない細目ねじの方が微調整には向いています。さらに精度の高い調整をおこないたい場合には、測定器のマイクロメータのヘッド部だけがマイクロメータヘッドとして5〜7千円ほどで市販されているので、細目ねじの代わりに使用します。これは0.01mm単位の調整が容易に可能です（図6.14の **(b)**）。

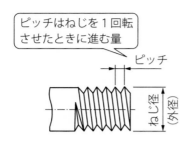

ピッチはねじを1回転
させたときに進む量

ピッチ

ねじ径
（外径）

(a) ねじの名称（おねじ）

単位 mm、M10 以降は省略

ねじ径	外径	ピッチ	
		並目ねじ	細目ねじ
M3	3.0	0.5	0.35
M4	4.0	0.7	0.5
M5	5.0	0.8	0.5
M6	6.0	1	0.75
M8	8.0	1.25	1
M10	10.0	1.5	1.25/1

(b) ねじ寸法

図6.15　ねじの名称とねじ寸法

✳ 固定に使用するねじ改善のポイント

　ここからは固定用のねじの話になります。ねじ固定では着脱をいかに「簡単で確実」におこなうのかがポイントです。ねじ固定は締結力が最優先ですが、オーバースペックになっている例が見られるので、改善の着眼点を紹介します。

---

1) ねじの本数を減らす 　　　 4本固定を2本固定に
2) ねじ径を統一する 　　　　 使用するねじ径を1種類に
3) 工具不要なねじに交換する 　工具を使わず手で交換可能
4) ねじ穴を切り欠き穴に変更 　ねじを半回転で着脱可能
5) ダルマ穴を活用する 　　　 ねじを半回転で着脱可能
6) ねじ込み深さを見直す 　　 ねじ着脱の回転を削減

✳ 固定ねじの改善事例

1) ねじの本数を減らす

　ねじによる固定では、モノの四隅に4本で固定することが定石になっていますが、大きな力がかからないのであれば対角の2本で十分です。これでねじ締めの時間を半減することができます。

144

2）ねじ径を統一する

部品固定のねじ径にいくつもの種類があれば、そのたびに工具を持ち変えなければなりません。この手間も想像以上に大きいものです。M4、M5、M6、M8が混在しているならば、設計段階でM4とM5はM5に統一し、M6とM8はM8に統一することで、手間を省くことができます。

3）工具不要なねじに交換する

大きな力がかからない部品の固定であれば、工具が不要で手で締め付けることができるローレットねじや蝶ボルトやノブがお奨めです。これにより工具が行方不明になるトラブルからも解放されます（**図6.16**）。

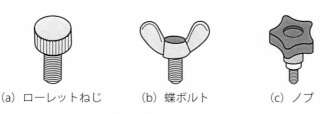

（a）ローレットねじ　　（b）蝶ボルト　　（c）ノブ

図6.16　工具不要なねじ

4）ねじ穴を切り欠き穴に変更する

通常のねじ固定の穴は「きり穴（丸穴）」で良いのですが、何度も着脱させる場合には「切り欠き穴」がお奨めです（**図6.17**）。きり穴では何回転も回さねばなりませんが、切り欠き穴では半回転するだけで着脱が可能です。

5）ダルマ穴を活用する

切り欠き穴の他の方法としてダルマ穴があります。ダルマ穴はダルマのように大小2つの穴を重ねた二重穴で、大きめの穴径はねじ頭の外径よりも大きい寸法で、小さめの穴径は従来どおりのきり穴に合わせた寸法です。

使い方は、先にねじを軽く締めておき、このねじ頭にダルマ穴の大きめの穴を差し込んでから小さめの穴までずらして、ねじを締めれば固定完了です。

このダルマ穴もねじを半回転で着脱でき、ねじは差し込まれたままなので紛失するリスクもありません（**図6.18**）。

六角穴付き ボルト		蝶ボルトなど

M6 では 6 回転以上必要	半回転で着脱可能	工具が不要
（a）通常の固定方法	（b）切り欠き穴	（c）工具レス化

図6.17　切り欠き穴と工具レス化

（a）ダルマ穴形状と寸法の目安

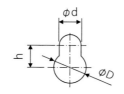

ダルマ穴寸法の目安　　　　　（単位mm）

	M3	M4	M5	M6
φd	4	5	6	7
φD	10	12	14	16
h	8	10	11	12

（b）ダルマ穴の使用例

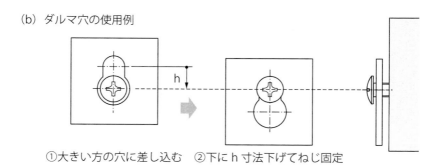

①大きい方の穴に差し込む　②下に h 寸法下げてねじ固定

図6.18　ダルマ穴の使い方

6)「ねじ込み深さ」を見直す

切り欠き穴にもダルマ穴にもできない場合、通常通りにねじを着脱するしかありません。その際にねじ込み深さが必要以上に深ければ、余分にねじを回すムダが生じるので、ねじ込み深さの見直しも有効です（**図6.19**）。

めねじの材質が鉄鋼材料（鋳鉄を除く）の場合、ねじ込み深さの基本は「ねじ径と同じ」です。たとえばM6のねじ込み深さは6mmで十分です。

なお大きな力や振動を受ける場合には「ねじ径×1.5倍」に、めねじの材質が鋳鉄やアルミニウムの場合は「ねじ径×1.8倍」が目安になります。

このように、ねじは改善の宝庫なので、ぜひ見直してみてください。

(a) ねじの寸法関係

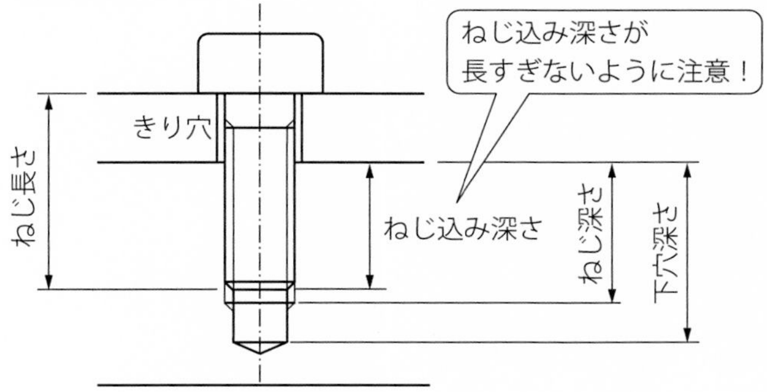

(b) ねじ込み深さの目安

めねじ材料の種類		ねじ込み深さ の目安	M6の場合の ねじ込み深さ （ピッチ1mm）
鉄鋼材料 （鋳鉄を除く）	一般的	ねじ径と同寸法	6mm
	振動・衝撃・重荷重	ねじ径×1.5倍	9mm
	軽荷重（カバーなど）	4ピッチの長さ	4mm
鋳鉄・アルミニウム		ねじ径×1.8倍	11mm

図6.19　ねじ込み深さの目安

コラム ルールと作業者の個性について

　ルールを決めるということは、誰もが同じ手順でモノづくりをおこなうことになります。もし細かく指示を出さずに作業そのものを個人の感覚やセンスに任せてしまうと、さまざまな手順が生じて、製造品質も作業時間もばらついてしまいます。

　個人に任せたいくつかの手順をQCDの視点で比べれば、優劣は明確になります。よくない手順では品質は安定せず、作業時間も長くなるので、常に時間に追われて作業することになります。これと比べて、よい手順では楽に作業できることで、品質も安定し作業時間も短くなり、余裕の時間が生まれます。

　この余裕時間の中で、いまよりもさらに楽にできる方法はないかを考えることや、効果の有無をいろいろ試してみることができます。これが作業者の個性を存分に発揮できる場になります。

　また思いついたアイデアを気軽に発表できる打ち合わせの場を定期的につくることや、第8章（8.4）で紹介する個人による提案制度のしくみも効果的です。

　ルールを守ることは一見堅苦しいイメージがありますが、「ルールを守ることで楽に仕事ができて」、それにより「個性を発揮できる」ことになります。

　また個性を発揮するには知識が必要です。知識のないところからはアイデアも対策も出てきません。知識がなければ質問すらできないことと同じです。そのために専門書を読む、展示会や見学会に参加する、先輩から教えてもらう、公開セミナーを受講するといったことでドンドン知識を広めていって下さい。

第7章

在庫管理と
設備管理

在庫の良し悪しを考える

❋ 在庫は本当によくないのか

　7つのムダにも「在庫のムダ」があり、「在庫は悪」ともいわれますが、在庫は本当によくないのでしょうか。この原点から考えてみましょう。

　まずは在庫が発生する場所をみると、原材料、仕掛品、完成品で発生し、それぞれ「原材料在庫」「仕掛品在庫」「完成品在庫」と呼んでいます。なお工程内で作業中の製品（仕掛品）は仕掛品在庫には含めず、工程内や工程間に置かれているものを仕掛品在庫とします。

　原材料在庫がなければ、そもそもモノをつくることができません。また生産期間が顧客の希望納期に間に合わなければ、第4章（4.1）で紹介したように完成品在庫を持たざるを得ません。こうした在庫は必要不可欠なものです。

　ではなぜ「在庫は悪」といわれるのでしょうか。これは「余剰在庫は悪」というのが正しい表現になります。余剰すなわち「必要以上に在庫を持つことがよくない」のです（**図7.1**）。

❋ 余剰在庫の問題点

　必要以上の余剰在庫にはどのような問題があるのかを見ていきましょう。在庫として置いている間に製品の使用期限や賞味期限がくれば廃棄せざるを得ません。また家電製品のようにモデルチェンジがあれば流行遅れとなり、大幅値引きしなければ買ってもらえず、売れ残るリスクも発生します。

　当然、在庫を置くスペースも必要となります。なかには作業スペースよりも在庫置き場の方が広い場合も見られます。この在庫スペースには土地や建物、倉庫のコストがかかります。また置き場までの搬入作業と次の工程への搬出作業が必要になり、搬送機材やパレットも用意しなければなりません。

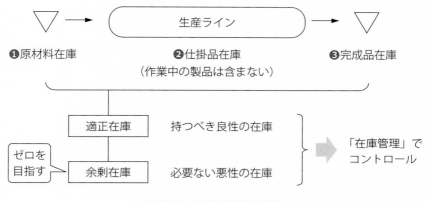

図7.1　在庫の種類と区分

　これらに加えて負担となるのが、在庫を管理する「人とシステムのコスト」です。在庫を管理するうえで、入庫と出庫の数をタイムリーかつ正確にデータ処理しなければなりません。この処理が遅れるとデータ上では在庫があるのに、実際には在庫ゼロで品切れをおこすといった問題が生じます。

　また在庫中のサビやホコリやキズによる品質劣化や、紛失のリスクも伴います。この他には在庫数が多くなるほど棚卸しの作業も負担となり、仕掛品在庫は生産期間の悪化を伴います。

❈在庫は札束を置いているのと同じ

　在庫品自体にも材料費や労務費といったコストがかかっています。みなさんはご自身の会社の在庫金額をご存知でしょうか。決算書の貸借対照表の中で「棚卸資産」もしくは「原材料及び貯蔵品」「仕掛品」「商品及び製品」の項に載っている金額が在庫金額になります。数千万円、数億円という大きな金額になることも決して珍しくありません。

　すなわち在庫は、倉庫の保管パレットや棚の上に札束を24時間365日放置しているのと同じことになります。置いているだけの札束は何も生みません。それならば開発や設備投資に使うなり、銀行に預けるほうが効果的です。

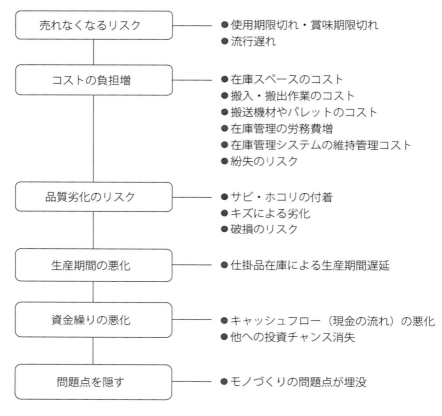

図7.2　余剰在庫の問題点

✳ 在庫は問題を隠してしまう

　これらに加えて在庫の大きな問題は、モノづくりの問題点を隠してしまうことです。原材料在庫の入荷が遅れても、設備がトラブル停止しても、作業ミスで不良品をつくってしまっても、工程間のバランスがとれていなくても、原材料在庫、仕掛品在庫、完成品在庫がたっぷりとあれば、この在庫品を使うことで対処することができるので問題が見えにくくなります。

　もし在庫がなければ、原材料の入荷遅れや設備トラブル、不良品が発生した

時点で生産ラインが止まり、問題が誰の目にも明らかになります。在庫でごまかせないからです。そのためしっかりとその原因に向き合うことになります。

　逆の視点で見れば、在庫を持つことで問題が発生しても顧客には約束通りに納入できることを狙うともいえます。これが後述する安全在庫です。

　改善活動を進めて現場のレベルを上げていくときに徐々に在庫を減らしていくのは、在庫のムダをなくすだけでなく、このようなモノづくりの問題点を明らかにすることも狙っています（**図7.2**）。

✳ なぜ余剰な在庫が発生するのか

　ではなぜ余剰な在庫が発生するのか、その原因を羅列すると、

---

1) 顧客からの注文数がばらつくこと
2) 多くつくりすぎるムダと早くつくりすぎるムダ
3) モノづくり現場にQCDの実力がないこと
4) 発注のルールが決まっていないこと
5) 安心感

の5つが考えられます。では順に見ておきましょう。

✳ 注文数のバラツキとつくりすぎのムダ

　顧客からの注文数が事前に正確にわかっていれば、原材料の発注量や完成品の在庫量もピタリと合わせることができます。しかし顧客も自社の売り上げ動向を見ながら調整するので、事前に正確な数値を把握することは困難です。このバラツキが大きいほど、これを吸収するための安全を見込むので在庫量は増えてしまいます。これが余剰在庫を生む原因のひとつになります。

　次のつくりすぎのムダは、7つのムダでも紹介したように「多くつくりすぎるムダ」と「早くつくりすぎるムダ」です。時間が余っている、人が余っているからといってつくりすぎると余剰在庫に直結します。

❋ QCDの実力と発注ルール

　人手作業がばらつく、不良が頻繁に発生する、設備がトラブルで停止するといった生産ラインであれば、安定したモノづくりは難しくなります。これらの問題を吸収するためには必要数よりも多めにつくることになります。これが過剰在庫を生む原因につながります。モノづくり現場のQCDの実力はそのまま在庫にも影響を及ぼします。

　またしくみの問題としては、発注のルールやモノを流すルールが決まっていないことです。すなわち担当者の長年の経験則で作業をおこなっているケースになります。実績に基づいた経験則が悪いわけではありません。しかし誰もがわかるルールになっていなければ、品切れが発生したときの責任は発注担当者や生産管理の担当者に向かいます。そのため心理的に「品切れをおこさないこと」が絶対条件になり、やむなく余剰気味に処理をしてしまいます。

❋ 安心感も余剰在庫の原因

　最後の原因は「安心感」です。在庫を多く持っていれば、予想だにしないことが発生してもビクともしません。たっぷりある在庫品から手当てすることが可能だからです。

　また余剰の在庫を持つことによる損失コストは目に見えないので、それよりも会社の信頼を損なう品切れを防ぐ傾向が強くなります。これが余剰在庫を容認する空気感を醸し出していることも大きな原因と考えられます。

　余談ですが、たくさん蓄えることに安心感を持つのは、日本人が農耕民族だからという話を聞いたことがあります。四季の中で収穫できる時期が決まっているので、次の収穫期まで蓄えを持って過ごさなければなりません。これに対して狩猟民族は移動するので最低限のモノしか持たないという説です。真偽のほどはわからないのですが興味深い話です。

7.2 定番の在庫管理方法

❊ 在庫はグラフにするとわかりやすい

在庫の実態を直感的に把握するお奨めの方法は、グラフであらわすことです。いま原材料在庫の例で見てみましょう。過去の在庫の実績データを用いて、横軸に時間、縦軸を在庫量としてグラフを描くと、**図7.3**の**(a)**のようにノコギリの歯のような形になると思います。

図中の①において上方向に一気にあがっているのは原材料が入荷して在庫数が増えたことを意味します。②では生産で使用するのに比例して在庫は減っていきます。③は次の入荷で補充されるというサイクルを繰り返します。

このグラフを2つに分けて、グラフ上部のノコギリの歯が示すエリアと、歯の下部の長方形のエリアに分けて見てみましょう。前者のノコギリのエリアを「サイクル在庫」、後者の長方形のエリアを「安全在庫」といいます（同図**(b)**）。

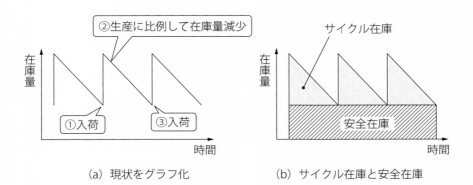

(a) 現状をグラフ化　　　　(b) サイクル在庫と安全在庫

図7.3　在庫の実態を見る

❄ サイクル在庫と安全在庫

　サイクル在庫は、次に入荷されてくるまでの期間に対応するための在庫です。このサイクル在庫量は消費するに従って減少していき、次の補充によりまた復活することを繰り返します。

　次は安全在庫です。顧客が毎回同じ数量を購入してくれればよいのですが、注文が入るまで正式な数量はわかりません。特に見込み生産では注文が入る前に生産をスタートさせるので、予想よりも多くの注文が入った場合に品切れをおこさないための余裕分が安全在庫です。また不良の発生や設備トラブルといった突発的なトラブルに対するリスク回避の狙いもあります。

❄ 在庫を管理する４つのパターン

　在庫管理のポイントは、原材料在庫では「いつ」「どれだけ」発注するのか、完成品在庫では「いつ」「どれだけ」蓄えておくのかであり、タイミングと量の二点になります。理想は簡単に発注できて精度よく管理できることですが、この両方を同時に満たす管理方法はありません。簡単にできる方法では在庫量の精度が落ちるし、精度を上げるには管理の手間ひまがかかります。

　そこで「いつ」「どれだけ」発注するかを「事前に決めておくこと」と「毎回検討すること」に分けて、次の４つのパターンで見てみましょう（**図7.4**）。

パターン１）定期・定量　　タイミングも量も決まっている
パターン２）定期・不定量　タイミングだけ決まっている
パターン３）不定期・定量　量だけ決まっている
パターン４）不定期・不定量　どちらも決まっていない

❄ 一番楽な「定期・定量」

　４つの中で一番楽な発注方式はパターン1の「定期・定量」です。「毎月第一営業日に100個発注」というように、事前に決めておいたタイミングに、事前に決めておいた量を発注します。発注時点の在庫量や今後の消費予想を考える

		発注量（どれだけ）	
		定量	不定量
発注タイミング（いつ）	定期	〈パターン1〉 定期・定量 現実的でない	〈パターン2〉 定期・不定量 （定期発注方式） 生協の買い方
	不定期	〈パターン3〉 不定期・定量 （定量発注方式） お米の買い方	〈パターン4〉 不定期・不定量 完全受注生産

在庫量の確認は発注時のみ

常に在庫量の確認が必要

消費量の予想は不要　　消費量の予想が必要

図7.4　在庫管理の4パターン

必要はまったくないので、淡々と発注することができます。

　その反面、消費量には少なからずバラツキがあるので、徐々に在庫が積み上がるか、もしくは徐々に減って品切れをおこすリスクが高く、この方式は現実的な方法ではありません。

受注生産品は「不定期・不定量」

　ふたつ飛んでパターン4の「不定期・不定量」はどうでしょうか。完全受注生産品は注文が入った時点で必要数を発注するので、この方式になります。

　一方、見込み生産での不定期・不定量は「必要なときに」「必要な数を発注すること」ができるので、4つのパターンの中で最も適正に在庫を管理することができます。しかしそれには現状の在庫量と今後の消費予測の両方をリアルタイムに把握しておく必要があるため、発注作業に膨大な負担がかかってしまいます。逆に負担をかけずに作業しようとすると、「いつでも」「いくらでも」発注できるので、場当たり的な対応になるリスクが高くなります。

❈ 現実的な「定期・不定量」と「不定期・定量」

　そこで現実的な方法がパターン2の「定期・不定量」とパターン3の「不定期・定量」になります。前者を「定期発注方式」、後者を「定量発注方式」といいます（**図7.5**）。

　「定期・不定量」の定期発注方式は、毎月第一営業日というように発注タイミングを決めておき、発注量は今後の予想消費量とその時点での在庫量を元に判断する方法です。身近な例では生活協同組合（生協、COOP）の宅配がこの方式です。決められた日にその都度欲しい数量を発注します。

　「不定期・定量」の定量発注方式はその逆で、1回当たりの発注量を事前に決めておき、在庫が徐々に減って一定量に達したら発注する方式です。発注量が固定なのに対して、発注タイミングは消費量に応じて毎回変わります。身近な例ではお米の買い方がこの方式です。米びつの中を見て一定量まで減れば、毎回同じ量（たとえば5kg袋）を買い足します。

　次にこのふたつの方式について詳細を紹介します。

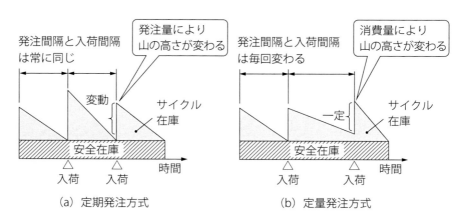

図7.5　定期発注方式と定量発注方式

✼ 発注間隔が同じ定期発注方式

「定期・不定量（パターン 2）」の定期発注方式の発注タイミングは毎週月曜日や毎月 1 日のように決めておき、発注量は毎回次の考え方で検討します。

▶ 定期発注の発注量＝((発注間隔＋調達日数)×1 日当たりの消費予想量)
＋安全在庫量－発注時点の在庫量

調達日数とは、発注してから入荷するまでの日数のことで、調達期間や調達リードタイムと同じです。

この式の第 1 項の「(発注間隔＋調達日数)×1 日当たりの消費予想量」は、「現時点から次回の発注分の入荷日までの消費予想量」になります。なぜ次回の発注分まで先の予想をしなければならないかというと、今回の発注分は次回に発注したものが入荷するまで消費されるからです。

✼ 生協さんの事例で考える

身近な生活協同組合（生協、COOP）の例で考えてみましょう。月に 1 回の発注間隔で、調達日数を 1 週間とします。たとえば 4 月 1 日に発注すると 4 月 8 日に入荷となり、その次の発注は 5 月 1 日で入荷は 5 月 8 日になります。そこで 4 月 1 日の発注時点で、4 月 1 日から 5 月 8 日までの消費量を予想します。

これが「(発注間隔＋調達日数)×1 日当たりの消費予想量」（**図 7.6 の①**）になります。ここに安全在庫量（同図の②）を加えた数量が 4 月 1 日時点の必要数となり、4 月 1 日時点での在庫量（同図の③）を差し引けば発注量になるわけです。

✼ 定期発注方式の計算事例

以上の定期発注方式を事例で見てみると、（発注間隔＋調達日数）が 30 日で、この間の 1 日の消費予想量が 200 個、安全在庫を 500 個、注文時点の在庫量が 650 個とすると、

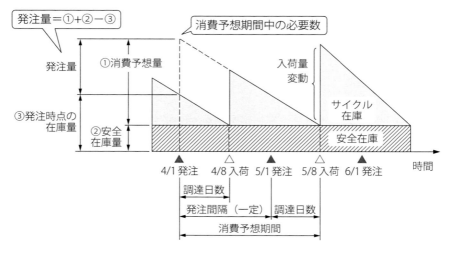

図7.6　定期発注方式の考え方

発注量＝（（発注間隔＋調達日数）×1日当たりの消費予想量）

　　　　＋安全在庫量−発注時点の在庫量

　＝（30日×200個／日）＋500個−650個＝5850個になります。

✻ 発注量が同じ定量発注方式

　次に「不定期・定量（パターン3）」の定量発注方式を見てみましょう。在庫がある水準まで減れば毎回決まった量を発注する方式で、グラフにあらわすと**図7.7**のようになります。お米の買い方がこの方式です。一定量まで減れば5kg袋というように決まった量を買い足します。生協の宅配のように先の消費量を予想する必要がないことが利点です。

　一方、常にいまの在庫量を確認しておく必要があります。気づかなければ発注されずに消費され続けることで、欠品のリスクが高まります。

　発注するタイミングを「発注点」であらわし、下記の式で求めます。

> ▶ 定量発注の発注点＝（調達日数×1日当たりの消費予想量）＋安全在庫量

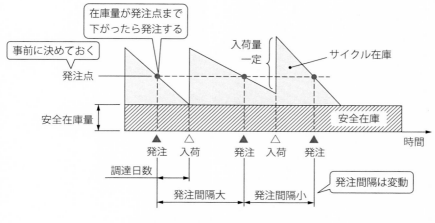

図7.7　定量発注方式の考え方

　消費量は毎日ばらつきがあるので平均値を採用します。たとえば1日の平均消費量50個、調達期間3日、安全在庫量50個の場合の発注点は、（50個／日×3日）＋50個＝200個になります。すなわち在庫が200個まで減れば、発注をかけます。次に発注量を考えてみましょう。

✳定量発注方式での発注量の考え方

　定量発注方式の発注量の理想は、発注のコストと在庫を保有するコストの合計が最小となる最適値になります。参考までに発注量の理論式は「発注量＝√（（2×1回当たりの発注コスト×年間消費量）÷（在庫品の製造原価×在庫保管比率））」です。在庫品の製造原価は原材料在庫の場合には材料費になり、在庫保管比率は在庫品の製造原価に対する在庫コストの比率を意味します。しかし現実的にはこれらのコストを算出することは容易ではありません。

　また発注において、購入個数に制約もあります。たとえばお米は1 kg/5 kg/10 kgの単位でしか買うことができません。そこでこうした制約と発注の手間を踏まえて可能な範囲で小さな量を検討します。発注量を絞り込めたら、発注頻度はどれくらいになるのかを過去実績から検証しておきます。

✳ 定量発注方式の発注点の視覚化

　定量発注方式の発注点を見落とさないために、第6章（6.3）でも触れたように、発注点となる場所に自作の補充カードをはさんでおくこともひとつの方法です。一定量を使えばその時点で発注タイミングがわかることで発注忘れを防ぐ工夫です。

　この補充カードに品名・発注個数・発注先・単価・納期・発注担当者名などの情報を書きこんで使い回しできるようにしておきます。発注担当者はこれを使って発注作業をおこない、入荷品を補充するときに同時にこの補充カードも所定位置に再セットするといったしくみです。スプレーやドリル、文房具といった消耗品などの管理に便利です。

✳ 各発注方式の使い勝手

　定期発注方式と定量発注方式の特徴と弱点を整理しておきましょう（**図7.8**）。簡単にいえば「発注の手間」と「消費変動への対応力」のどちらを優先するかで選択します。

　定期発注方式は、今後の消費量を予想しなければならないので手間がかかる

		定期発注方式 （定期・不定量）	定量発注方式 （不定期・定量）
特 徴	発注間隔	一定	変動
	発注量	変動	一定
	消費量の予想	毎回必要 （手間がかかる）	不要 （手間はいらない）
適用対象	消費変動	大きくてもよい	小さい方がよい
	単価	高額品向け	安価品向け
	調達期間	長くてもよい	短い方が好ましい
	ABC分析	Aグループ	B・Cグループ

図7.8　定期発注方式と定量発注方式の各特徴

反面、定量発注方式よりも在庫量の精度は高く、消費量のバラツキにも対応可能です。そのため高額品や消費量にバラツキのあるモノに適しています。

その一方、定量発注方式は、消費量を予想しなくてよい反面、発注量は毎回一定なので消費量のバラツキに対しての対応力は低いことが弱点です。安価品や消費量のバラツキの少ないモノに適しています。

✳ ABC分析を利用する

ここまで定期発注方式と定量発注方式について見てきました。それぞれの特徴を活かして自社に合った方式を選択します。すべて定期発注方式を採用する場合やすべて定量発注方式を採用する場合、また定期発注方式と定量発注方式を併用する場合もあると思います。

併用する場合の使い分けには、マーケティングに使われるABC分析が参考になります。ABC分析とは対象をABCの3つのグループに分けて、Aグループは「よく売れる製品群」、Bグループは「まずまずの売れ行きの製品群」、Cグループは「あまり売れない製品群」と区分することで、Aグループは積極的な販売戦略を取る一方、Cグループは縮小もしくは撤退といった経営判断のモノサシにする考え方です。

これを在庫管理に適用して、たとえば売れ筋のAグループには定期発注方式を、Bグループには定量発注方式を、元気のないCグループには定量発注方式で安全在庫をゼロにするといったメリハリのある管理をおこないます。

ABCのグループ分けは、パレートの法則（20：80の法則）が便利です。これは上位20％が全体の80％を占めるという法則で、たとえば百貨店の売り上げ額の80％は顧客の20％にあたるお得意様が購入している、仕事の成果の80％は就業時間の20％で生み出している、といった経験則です。

これを使って売上高の上位から80％を占める製品をAグループ、80～90％をBグループ、90～100％をCグループに分けて管理します。すなわち手間のかかる定期発注方式を全製品内の20％の製品でおこなえば、在庫量の80％を効率よく管理できるわけです。

7.3 余剰在庫を削減する

✳ **在庫を減らすふたつの切り口**

ここまで在庫管理の考え方を紹介してきました。ここから必要以上の余剰在庫を減らす方策について考えていきましょう。

在庫を減らす切り口は、ノコギリの歯のエリアである「サイクル在庫を減らすこと」と、長方形のエリアである「安全在庫を減らすこと」のふたつになります。

ではノコギリの歯のエリアを減らすにはどうすればよいでしょうか。それには**図7.9**のように「発注間隔を短く」「発注量を少なく」すれば可能です。仮に発注間隔をいまの半分にすれば、サイクル在庫は単純に半減することになります。また安全在庫を減らすには、シンプルに長方形のエリアを減らすことを狙います。では、その方策を具体的に見ていきましょう。

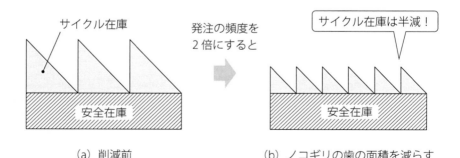

（a）削減前　　　　　　　　（b）ノコギリの歯の面積を減らす

図7.9　サイクル在庫の削減の事例

✵ サイクル在庫を減らす考え方

「発注間隔を短く」「発注量を少なく」してノコギリの歯のエリアを減らすために、定期発注方式の発注量と定量発注方式の発注点を見ておくと、

> ▶ 定期発注の発注量＝((発注間隔＋調達日数)×1日当たりの消費予想量)
> ＋安全在庫量－発注時点の在庫量
> ▶ 定量発注の発注点＝(調達日数×1日当たりの消費予想量)＋安全在庫量

この両式において、発注量を減らす、もしくは発注点を下げるには、以下の方策があります。

> 方策1) 発注間隔を短くする
> 方策2) 調達日数を短くする
> 方策3) 消費予想量の信頼性を高める
> 方策4) 最小発注量や発注単位を下げる
> 方策5) 安いからといってまとめ買いしない

✵ サイクル在庫を減らす方策

方策1) 発注間隔を短くする

　発注間隔を短くすることにより1回当たりの発注量も減るので、サイクル在庫を減らす有効な手段になります。理論上は発注間隔を限りなく短くすれば、サイクル在庫はゼロに近づくわけですが、これに反比例して発注回数が増えることで発注のコストが上昇し、納品回数も増えることにより受入れのコストも上昇してしまいます。仕入先においても受注処理の手間がかかるうえに運搬コストも増えるため、頻繁な小口受注には限界があります。

　発注コストや受入れコストなどの試算は難しいので、いままで1か月に1回だった頻度を半月に1回や毎週1回にするというような、肌感覚でもよいので短縮可能な現実的な発注間隔を検討します。

方策2) 調達日数を短くする

　調達日数を短くするのは、仕入れ先との交渉事項になります。いわゆる納期の短縮依頼です。1日の短縮でも効果は大きいので積極的に交渉したいものです。仕入先を選定する際にはコストだけでなく、この調達日数も重要な選定項目になります。

方策3) 消費予想量の信頼性を高める

　消費予想量の信頼性を高めるには、顧客と接している営業部門との連携を深めることと、顧客から注文の事前情報（フォーキャスト情報ともいう）を入手することが効果的です。確定情報ではないものの、顧客自らの予想なので信頼性は高まります。特にB to Bビジネスではこの情報提供は一般的なので、ぜひ顧客に依頼してみてください。

方策4) 発注単位を下げる

　仕入先によっては最小発注数や発注単位が提示されているものがあります。たとえば最小発注数が1,000個、発注単位は500個といった場合では1,000個、1,500個、2,000個といったまとまった注文数になります。これらの数が多いと必要以上に購入することになってしまいます。ここでもできるかぎり最小発注数や発注単位を引き下げる交渉をしたいものです。

方策5) 安いからといってまとめ買いしない

　まとめ買いにより安く買える割引販売は、身近な日用品でもよくおこなわれています。割引により1個当たりの単価は安くなりますが、購入個数すべてを使う予定のないものは買うべきではありません。いつかは使うと思ってもほとんど使わないのが実情です。その結果残ってしまえば逆に割高な単価になってしまいます。使う予定があるモノであっても、その時点での必要数以上の分には在庫コストがかかっていることを再認識したうえで、まとめ買いの良し悪しを判断します。

　以上のように原材料在庫においては、仕入れ先との交渉事項が多いので、資材購買部門を巻き込んだ取り組みになります（図7.10）。

方策 1	発注間隔を短くする	発注と受入れのコストバランス
方策 2	調達日数を短くする	仕入先との交渉・選定項目
方策 3	消費予想量の信頼性を高める	顧客から注文事前情報の入手
方策 4	発注単位を下げる	最小発注量・発注単位の引き下げ交渉
方策 5	まとめ買いしない	安いからといってまとめ買いをしない

図7.10　サイクル在庫の削減策

✳ 安全在庫量の理論計算

　次に在庫のグラフの長方形のエリアに当たる「安全在庫量」について考えてみましょう。予想を超える注文やトラブルの発生があった場合の余裕分なので、安全在庫をたくさん持つほど品切れになるリスクは限りなくゼロに近づきますが、その代わりに在庫を管理するコストは増大していきます。そのため安全在庫をどのレベルに設定するのかがポイントになります。

　在庫管理の理論では、品切れになる確率ゼロを目指すのではなく、品切れによる損失コスト（本来得られるはずの利益）と在庫を持つことにより発生するコスト（在庫の管理コスト）とのバランスから最適な安全在庫量を考えます。たとえば品切れになる確率を1%や5%として、消費量の標準偏差を用いて安全在庫量を試算します。品切れの発生を許す考え方をしている点が特徴です。

　計算式を参考に紹介すると、「安全在庫＝安全係数×消費量の標準偏差×$\sqrt{（調達期間＋発注間隔）}$」となります。安全係数は欠品を許容するレベルで決まる定数です。

　しかし品切れをおこせば会社の信頼に影響を及ぼすので、信頼を失う損失コストは試算が不可能です。また、この計算式では標準偏差を用いるので、消費量が正規分布していなければ成立しないという弱点があります。

❀安全在庫量の考え方

　そのため現実的には、品切れをおこさないことを前提に安全在庫量を設定します。それには過去半年や1年間の在庫実績をグラフであらわせば、ノコギリの歯の底の位置から安全の余裕度がよくわかります（**図7.11**の**(a)**）。すなわち結果論になりますが、この安全在庫が仮にゼロであっても欠品は生じなかったわけです。このとき安全在庫量を個数や重さの単位ではなく、何日分の在庫かという日数で見れば感覚的にも把握しやすいと思います。現在は何日分の安全在庫があるか確認してみてください。

　余剰があるなら削減するのですが、一気にギリギリまで削減してハラハラドキドキするようでは通常業務に差し支えるので、まずは何日分の安全在庫まで削減するという狙いの基準を決めます。この基準まで減らしたら数か月運用して、問題がなければさらに半分にするといったようにステップを踏んで徐々に削減することをお奨めします（同図**(b)**）。

　また季節変動のある製品の場合には、閑散期の受注バラツキは少ないと思われるので、安全在庫量は繁忙期と閑散期で分けて設定することも有効です。閑散期の安全在庫は極小に設定します。

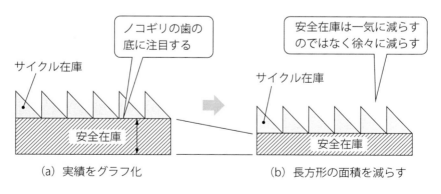

図7.11　安全在庫の削減

7.4 設備を管理する

❇ 設備の品質について考える

　ここからは設備の品質について、「良品をつくる実力」と「安定して動く実力」の二面で見ておきましょう（**図7.12**）。生産能力が高くても不良をつくっていては意味がありません。そこで良品をつくる実力を「良品率・直行率」、狙いに対するバラツキを「標準偏差」で数値化することができます。

　その一方、いくら良品をつくる実力が高くても、動かしたいときにトラブルで停止ばかりしていたり、段取り時間が長かったりするようでは安定した生産ができません。そこで安定して動く実力を「可動率」「信頼性MTBF」「整備性MTTR」「段取り性」「耐久性」「メンテナンス性」であらわします。

　なお、設備の「生産能力」については第4章（4.2）を参照下さい。

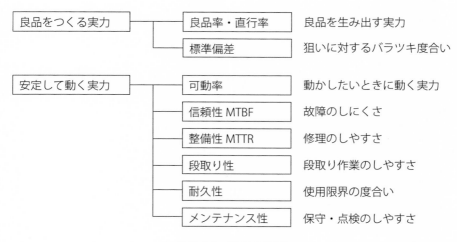

図7.12　設備の品質

❋ 良品をつくる実力を数値化する

　良品をつくる実力は、第2章（2.2）で解説した良品率や直行率であらわします。もうひとつのモノサシが、狙いに対するバラツキをあらわす標準偏差です。たとえば寸法精度50 mm ± 0.05 mmの図面公差に対して、2台の設備で100個ずつつくり全数合格であれば、この2台は同じ実力といえるのでしょうか。1台は50 mm ± 0.03 mm、もう1台は50 mm ± 0.01 mmの実績であれば、設備の実力には差異があることがわかります。このバラツキの違いを数値化したものが標準偏差です。

　標準偏差は人の作業スキルを数値化する際にも使える便利な統計手法なので、次の第8章（8.3）で詳細を紹介します。

❋ 可動率を改善する

　安定して動く実力を数値化したモノサシのひとつが、動かしたいときにきちんと動く実力をあらわす可動率（べきどうりつ）です（第3章の図3.14）。

　可動率を理想の100％に近づける改善のポイントは、非稼働時間の削減です。この非稼働時間において何が原因で設備が停止しているのかを調査します。一般的には材料セット、段取り作業、微調整、試し打ち、設備トラブルなどがあります。この調査は設備の前にピッタリついて、時計と記録用紙を手にしておこないます。記録は時刻での記入が便利です。たとえば8時35分材料セット開始、8時39分材料セット終了、9時43分トラブル停止（材料詰まり）、9時59分再スタート、11時22分トラブル停止（センサー誤検出）、11時25分再スタート、13時40分A製品の生産終了……といったように記録していきます。

　半日もしくは1日の調査で概略はつかめると思います。記録した時刻から引き算で各所要時間を算出します。たとえば材料セットの所要時間は4分、材料詰まりのトラブル停止は16分といった具合です。この結果を次の第8章（8.1）で解説するパレート図にあらわすと、どのような原因がどのくらい停止時間に影響しているかが一目瞭然となります。これより停止時間の長い項目から順に取り組みます。

✳ 故障のしにくさMTBFと修理のしやすさMTTR

次に信頼性をあらわすMTBFと整備性をあらわすMTTRを紹介します（**図7.13**）。信頼性は故障のしにくさをあらわし、どれだけ故障せずに連続稼働できるかを数値化したもので、平均故障間隔MTBF（エム・ティー・ビー・エフと読む）といいます。

たとえばMTBF500時間の設備であれば、平均して500時間はトラブル停止せずに連続で稼働する実力を意味します。見方を変えれば平均して500時間に1回故障することになり、MTBFの数値は大きいほど信頼性の高い設備になります。

次の整備性は修理や保守のしやすさをあらわし、トラブル停止した際の復帰時間や故障した際の修理時間を数値化したもので、平均修理時間MTTR（エム・ティー・ティ・アールと読む）といいます。MTTRが20分の設備は、停止しても平均20分で修理完了し再稼働できる実力を意味します。すなわちMTTRの数値は短いほど整備しやすい設備になります。

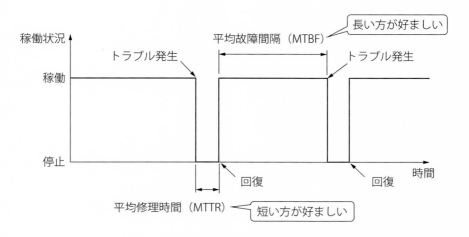

図7.13　MTBFとMTTR

✻ チョコ停とドカ停

　モノづくり現場では設備のトラブル停止を、「チョコ停（ちょこてい）と「ド カ停（どかてい）」に分けています。チョコ停は短時間「ちょこっと」停止す ることを、ドカ停は長時間「どかーん」と停止することを意味します。特に定 義はありませんが、チョコ停は10分や15分で修復できる停止に対して、ドカ 停は半日や丸1日止まってしまうようなトラブルです。

　トラブル停止はゼロが理想ですが、発生した場合にはすぐに修復できるチョ コ停ですむように機械設計で配慮されています。チョコ停は発生しても短時間 で修復できるので生産のリカバリーが可能です。また非稼働時間として可動率 に盛り込んでおくことで、納期への影響は最小限に抑えられます。

　一方、ドカ停の場合には生産が長時間ストップすることで、納期遅延をおこ すリスクが高まります。

✻ 段取り性・耐久性・メンテナンス性

　段取り性については前章（6.4）の段取り改善で解説したので、ここでは耐 久性とメンテナンス性を紹介します。耐久性は製品寿命ともいい、使用の限界 に至るまでの時間で、耐久性10年というようにあらわします。この耐久性を 保証するために同じ時間をかけて評価したのでは時間がかかり過ぎるので、過 酷な条件下で強制的に劣化を進めることで耐久性を検証します。これを加速劣 化試験といいます。劣化を加速させる条件には、高荷重、高電圧、振動、高 温、高湿度、紫外線などがあります。

　メンテナンス性は、品質の維持と耐久性を延ばすために定期的におこなう保 守点検のしやすさのことです。メンテナンスの作業中は設備が止まるため、短 時間でおこなえることが求められます。わたしたちの身の回りで例えると、空 気清浄機やエアコンのフィルタ掃除や、クルマのオイル交換がこのメンテナン スになります。

第8章

現場改善を
進めるコツ

8.1 何から取り組むか

❋ はじめは正論でなくてもよい

　現場改善をはじめるにあたって、どのテーマから取り組むのがよいでしょうか。正論で考えれば、QCDの「製造品質」「製造原価」「生産期間」において、現在もっとも生産に大きなダメージを与えているムダから取り組むことになります。そのためには現状把握が必要なので、原材料の使用効率、人の作業効率、設備の使用効率、工程ごとの生産能力および良品率、在庫実績などを調査することになりますが、こうしたライン全体の現状把握はそれなりに手間と時間を必要とします。

❋ 一番気になっていることから取り組む

　数週間や数か月かけて現状把握のデータ取りをするのではなく、まずは「いま一番気になっていることから取り組むこと」をお奨めします。A製品のキズ不良対策でもよいし、B製品の作業標準見直しでもよいし、C工程の安全対策でもよいし、まずひとつのテーマをすぐに始めてみます。成果がでてくるとモチベーションも上がり、周りで見ている他の作業者も興味を持ちます。これが大切なことで、現場改善を難しく感じる心の壁を下げる効果があります。

　また改善を進める中で、新たにいろいろな課題が見えてきます。これを記録に残しておき、ひとつのテーマが終了すれば、次は記録しておいた課題に取り組みます。これにより芋づる式に改善テーマが続きます。

❋ テーマに迷う時にはまず3Sを実践

　テーマに迷うようなら、3Sの整理・整頓・清掃に取り組んでみてください。第6章（6.2）で紹介したように、まずは不要なモノの判断基準を決めま

す。悩むようなら「1年以内に1回も使ったことがなく」「今後3か月以内に使う予定の無いモノ」を不要の判断基準にしましょう。整理をおこなうと不要なモノが想像以上にたくさん出てくることと、不要なモノを除くことで現場がスッキリすることに驚きます。現場改善をスタートした初期には、このように現場が変わることを実感できることにとても大きな意味があります。

✳ 作業者にヒアリングする

　もうひとつ、テーマに迷ったときは、作業者の困りごとに取り組むのもひとつの方法です。素直に作業者に聞いてみるのがよいでしょう。いきなり何を改善したいかと面と向かって聞いても、なかなか答えは返ってこないので、一週間ほどの余裕をもって紙に書きだしてもらいます。

　お題目は次の3つです。

　1）いま困っていること（問題点の抽出）

　2）こうすれば楽になること（対策案の抽出）

　3）安全に作業できること（安全の確保）

　このお題目に対して、合わせて10個以上を箇条書きであげてもらいます。問題点の指摘だけでもよいし、対策案があるならば書いてもらいます。また対策案を考えたがやってみないと効果はわからないというアイデアだけでも大歓迎とします。

　10個以上というのもコツです。少ない数ではそれなりによい提案を書かなければと思って出しにくいものです。逆に多い数にすると、少しでも思いついたことを書かなければ10個にならないので楽に書けるのです。20名の職場ならあわせて200個のテーマが出てきますから、まずは効果の大きさは問わずに、スピード重視ですぐにできるものを選んで取り組みます。この改善で少しでも楽になることを実感できれば、継続への道が開けます。

❋ チームで取り組む

改善はチームで取り組むことを強くお奨めします。4〜5名くらいのチームで議論しながら進めます。チームを組む利点は、以下のとおりです。

> ▶ ひとりで考えるよりも議論する方が圧倒的に効果的
> ▶ 個人任せでは行き詰ったときに心が折れるから

もし少ない人数でしか組めないなら2名でもOKです。二人いれば議論できるのでアイデアも出てきます。反対に多すぎる人数は避けた方が無難です。8名や10名になるならば、半分に分けて2チームにします。人数が多くなると、意見を出す人と静かな人とに分かれてしまい、実質4〜5名の活動になってしまうからです。改善チームの編成例を**図8.1**に示します。

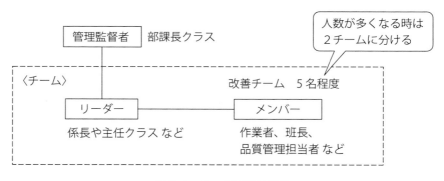

図8.1　チームで取り組む

❋ 1チーム1テーマで取り組む

改善は1チームにつき1テーマで進めます。たくさん問題があるからといって複数のテーマを同時遂行すると、1テーマに割く時間が少なくなり、結果が出るまでに時間がかかってしまいます。そのうえメンバーのモチベーションを維持することも難しくなるので、1テーマに集中して短期間で結果を出す方が格段に効率的です。1テーマ終了すれば、続いて次のテーマに取り組みます。

　またチームで取り組むからといって、メンバーのＡさんはキズ不良、Ｂさんは寸法不良、Ｃさんは汚れ不良など、人によって異なるテーマを設定することもよくありません。これは実質ひとりで1テーマになってしまいます。この場合にはチーム全員でキズ不良対策に取り組み、次は全員で寸法不良といったようにチームで集中してひとつずつ解決していきます。

✳ パレート図で取り組み順位を決める

　どのテーマから取り組むのかを決めるのに便利な手法が、QC7つ道具のひとつ「パレート図」です。このQCは品質管理Quality Controlの頭文字なので、QC7つ道具を訳すと「品質管理7つ道具」になります。しかし品質管理だけでなくQCDのあらゆる問題解決に活用できる優れた「問題解決7つ道具」です。先の品質改善の事例では、キズ不良と寸法不良と汚れ不良のどれから取り組むのかを決める際にパレート図を用います。

　パレート図は、何が大きく影響しているのかを図に示したものです。棒グラフと折れ線グラフを組み合わせたもので、その特徴は、次の3点になります。

1）何が問題なのかひと目でわかる
2）問題の大きさを客観的に把握できる
3）複雑な計算が不要で簡単に作図できる

　グラフの横軸は、不良項目や作業内容をデータ数の多い順に並べます。棒グラフはデータ数を示し、折れ線グラフは累積比率を示します。累積比率とは、各データが全体に占める割合を上位から順に足し合わせたものです。

✳ パレート図の作成方法

　段取り改善のテーマ設定にパレート図を活用した事例を紹介します。「段取り時間の短縮」に取り組む際に、段取りにはどのような作業があり、各作業にどれくらいの時間を要しているのかをパレート図で明らかにします。

1）現状把握

　実際の段取り作業に立ち会い、具体的にどの作業にどれだけの時間を要しているのかを半日や1日程度でデータ取りします（**図8.2**）。

2）データを整理する

　データ数（ここでは作業時間）の大きい順に数項目を並べて、それ以外の項目は最後に「その他」としてまとめます。「その他」の作業時間が上位の順番に相当するようなら、まとめすぎなので分解します。

3）累積数と累積比率を計算する

　データ数を上位から順に足した数値が累積数（ここでは累積時間）で、この累積時間と作業時間合計との比率が累積比率です。同図8.2の上から2段目材料抜きの累積時間は、作業時間1段目の75分と2段目の35分を足した110分となり、累積比率は作業時間の合計150分に対しての比率で73.3％となります。

作業時間の多い順番に並べる。「その他」は一番最後

No	作業内容	作業時間	累積時間	累積比率
1	シリンダ掃除	75分	75分	50.0%
2	材料抜き	35分	110分	73.3%
3	ホッパ清掃	15分	125分	83.3%
4	位置調整	8分	133分	88.7%
5	金型はずし	6分	139分	92.7%
6	金型セット	3分	142分	94.7%
7	その他	8分	150分	100.0%
	合計	150分	150分	100.0%

図8.2　パレート図作成のデータ整理

4) パレート図を作成

縦軸左側をデータ量（ここでは作業時間）に、縦軸右側を累積比率（％）に
とって、データ量は棒グラフで、累積比率は折れ線グラフで記入すればパレー
ト図の出来上がりです。（**図8.3**）

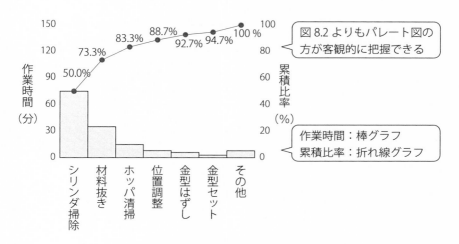

図8.3　段取り時間のパレート図

❋パレート図の特徴

完成したパレート図を見ればひとめで現状をつかむことができます。世の中
の多くの現象は、この図のように多くを占める項目と少ない項目といったよう
に、メリハリのある結果になります。先の例ではトップのシリンダ清掃だけで
段取り時間の50％を占めるので、まずはシリンダ清掃の時間短縮を取り組み
テーマに設定します。

次にシリンダ清掃の作業をさらに細かく分解します。たとえば洗浄剤準備／
洗浄剤投入／洗浄作業／洗浄剤排出といった作業項目を洗い出して、各作業時
間のデータ取りをおこない新たにパレート図を作成します。先のパレート図は
「段取り作業」が対象だったのに対して、次のパレート図はさらに詳細な「シ

リンダ洗浄作業」が対象になります。このパレート図からシリンダ清掃のどの作業に焦点をあてて取り組むかが明確になります。

　パレート図の作成には表計算ソフトのExcelが便利です。データをExcelシートに入力して、データ値と自動計算した累積比率の2列を選択してグラフ機能を用いれば、棒グラフと折れ線グラフが自動表示され、一発でパレート図を作成することができます。Excelシートのバージョンによって折れ線グラフの点の表示位置が棒グラフに対して若干異なることがありますが、使用上はまったく問題ありません。

❋ データ取りは日数限定で

　現状を把握するためには、モノづくり現場でのデータ取りが必須です。ここで大切なことは、データ取りの期間を限定することです。いままでデータ取りしたことがない項目ならば、まずは大局を知ることが大事なので、半日や1日、多くても2日分も取れば十分です。データ数が多くなっても傾向は変わらないので、いきなり半月や1か月間のデータを取る必要はありません。

　特に作業者にデータ取りをお願いする場合には、通常の作業に加えて手間が加わるので必要最小限にすべきです。また記入のしやすさを考慮したデータ取り用紙を事前に準備し、記入の方法だけではなく記入のタイミングも伝えてください。不良データを取る場合であれば、不良が発生するたびに記入するのか、1ロット終えてからまとめて記入するのかといったことも作業者まかせにせず具体的に依頼します。

❋ 進め方はQCストーリーを参考に

　改善の進め方は第1章（1.3）で紹介したPDCAサイクルとQCストーリーが参考になります。QCストーリーは各職場でチームを組み改善をおこなう、QCサークルと呼ばれる小集団活動の進め方です。PDCAサイクルと関連させて**図8.4**で紹介します。

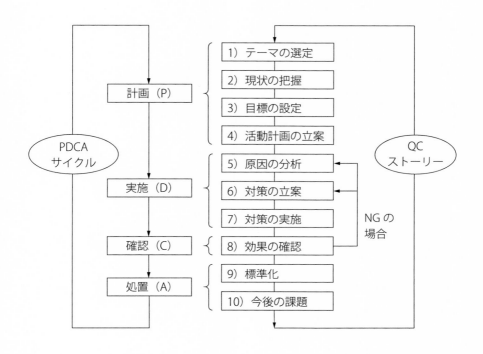

1)	テーマの選定	どのような問題があり何から取り組むのか
2)	現状把握	悪さ加減やバラツキの度合いをつかむ
3)	目標設定	改善の目標値を設定
4)	日程計画	活動計画の立案
5)	原因分析	悪さの発生場所や発生頻度から原因追求
6)	対策立案	対応策の検討
7)	対策実施	検討した対応策の実施
8)	効果の確認	目標に対する達成度を確認
9)	標準化	作業標準の改訂と教育・訓練
10)	今後の課題	残課題の整理や次テーマの検討

図 8.4　改善の進め方

❊ テーマだけでなく対象品種も絞り込む

やるべき改善はたくさん出てくると思いますが、先に紹介したように同時並行で進めるのではなく、1テーマずつ取り組んでください。1テーマといっても、すべての品種を対象にするとボリュームが多くなると思うので、まずは定常的に生産している主力製品に絞り込むのが得策です。

たとえば原材料在庫の削減をおこなう際に、一気に全品種を対象にするのではなく、主力製品の削減から着手します。段取り改善をおこなう際も同様です。パレートの法則（20：80の法則）の効果で、主力の20％に取り組めば全体の80％をコントロールできるので、とても効率的です。主力製品の改善を終えてから、残りの品種に取り組みます。

❊ 目標設定と活動期間

目標設定は現状を把握した内容を踏まえて設定しますが、目標値が10％の改善では少し低いと思います。このレベルであれば現状でのバラツキ範囲内に含まれてしまうからです。逆に50％では難易度が一気に上がるので、経験的には30％の改善レベルがお奨めです。たとえばキズ不良30％削減、段取り時間30％削減といった目標値です。

30％改善できたら次のステップでさらに30％の改善を狙います。この2ステップの改善を達成すれば、改善前と比べて50％の改善効果になります。

また活動期間は1テーマにつき半年以内がお奨めです。通常の生産をおこないながらの活動になるので、2〜3か月でPDCAを回すには少々厳しい日程（もちろんできるなら早いほどよい）で、逆に1年間では結果がなかなか出ないので、モチベーションを保つのも難しくなると思います。

改善効果が狙いどおりの結果になれば、新たな方法に合わせて作業標準の改訂と作業者への教育・訓練をおこないます。維持するためのこれらの詳細は後述（8.5）します。結果が思わしくなかった場合には、元に戻って原因分析や対策案の検討をおこない再チャレンジします。

問題解決のポイント

❋ 問題とは何か

ムダを削減するには、問題を解決しなければなりません。この問題とは、「現状の状況」が「あるべき姿」からはずれた悪さ加減をいいます。あるべき姿と現状の差異なので、逆に問題がないのは次の4つのケースになります。

1）現状があるべき姿に達している
2）あるべき姿を描けていない
3）あるべき姿を数値であらわしていない
4）問題に気づかない、気づこうとしない

ひとつめのあるべき姿に達していることは理想ですが、時代の変化は早く、あるべき姿もすぐに変わってしまうので油断大敵です。またあるべき姿が描かれていなければメンバーが共通の目標を持つことができません。そのため会社の基本方針は社是や社訓で明確になっており、年度ごとの目標は社長方針を基に部門方針が作成されます。またあるべき姿を数値化しなければ、人によって受け止め方が変わってしまいます。最後の、問題に気づかない、または気づこうとしないのは、意図して問題から目を背けていることになります。

こうしてみると、「問題がない100点満点の状態」はなかなか難しいことがわかります。常に問題を見いだして解決していくことが求められます。

❋ 原因分析が一番大切

問題を解決する定番のステップは、原因分析・対策立案・対策実施・効果の確認・標準化の5つになります。この中で一番難しいことは「原因分析」で

す。もし対策が難しく感じるならば、原因をつかまずに考えているためです（**図8.5**）。

　たとえば友人から睡眠不足の悩みを聞いたとします。すると即座に「だったら今夜は早く寝てみたら」とか「軽い睡眠薬を飲んでみたら」といったことが頭に浮かびます。しかしこれらはすべて対策です。このようにわたしたちは、問題を前にすると直感的に対策を考えるクセをもっています。

　いくら対策を打っても効果がでない場合には、別の対策を考えるのではなく、原因分析に立ち返って再考することが有効です。

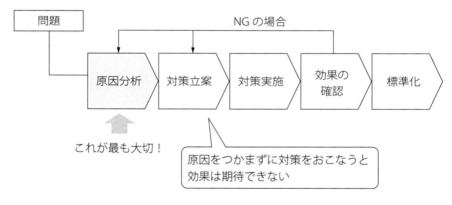

図8.5　問題解決のステップ

✳ 原因を深掘りする

　原因分析では、なぜを繰り返すことで真の原因をつかむことがポイントです。これは「なぜなぜ分析」や「なぜを5回」などと呼ばれています。たとえばモノづくり現場の床が水で濡れていたとします。その原因を見てみましょう。**図8.6**のようになぜを繰り返すと、床が濡れていた真の原因はガイド固定用のネジの選定ミスだったことがわかります。すなわち床が水で濡れていたことの解決策は、信頼性の高い六角穴付きボルトで固定することです。

　なぜを繰り返さなければ「濡れたら毎回モップで掃除する」「溜まった切り

くずを毎日掃除する」といった対策になってしまいます。これでは掃除作業が増えるだけで、いつまでたっても問題は解決しません。

「なぜを5回」と呼ばれる5回には特に根拠はなく、5回程度なぜを繰り返せば真の原因にたどりつくという経験則で使われています。

この事例ではもう1回なぜを繰り返して、なぜ信頼性の低いネジを使ったのかという深掘りも可能です。その原因がネジ知識の不足なのであれば、社員教育の実施や使用するネジの標準化が真の対策になります。

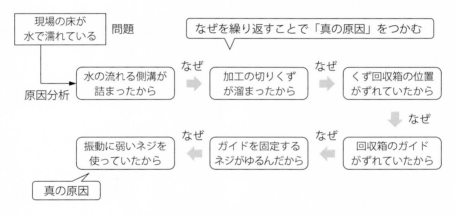

図8.6　原因を深掘りする

✳ 暫定策と恒久策を分ける

先の事例の対策はネジの交換で済みましたが、通常は真の原因に近づくほど、その対策には時間と費用が発生することが多くあります。するとその対策が完了するまでは問題が継続することになり、品質面や安全面でも問題です。

その場合には一時しのぎでよいので暫定策を実施します。先の例でいえば「濡れたらその都度モップで掃除する」「溜まった切りくずを毎日掃除する」ことが暫定策になります。このように、いま実施しようとする対策は恒久策なのか暫定策なのかをしっかり見分けることが大切です。根本的に解決するまでは「恒久策と暫定策との二刀流」で進めます。

データで捉える

❋ データとグラフを活用する

データを用いる理由は「論理的に判断するため」と「思い込みによる判断を防ぐ」ためです。データは数や量や長さや重さなどさまざまです。

その反面、数値の羅列では客観的に捉えにくいことも事実です。いまデータが測定順に「25、23、23、23、21、21、19、19、16、12」だったとします。

これをグラフにあらわすと**図8.7**になります。

数値を読むだけの場合とグラフを読む場合とでは、やはりグラフの方が深く理解が進むと思います。その特徴は、以下のようになります。

> ▶ 直感的に把握できること
> ▶ 数値を読む労力から解放されること
> ▶ 興味を喚起させること
> ▶ 作成が簡単なこと

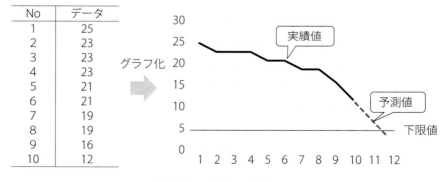

No	データ
1	25
2	23
3	23
4	23
5	21
6	21
7	19
8	19
9	16
10	12

グラフ化

図8.7　グラフであらわす

もし下限値が決まっているならば、あと何回で下限値に達して不良になることも事前に予測することができます。これもグラフを用いるメリットです。

❋ データを図であらわしてみる

次にデータを図であらわしてみましょう。次のデータを読むだけでは、A、B、Cの違いはわかりにくいと思います。

・Aのデータ：47、48、49、50、51
・Bのデータ：45、48、50、51、55
・Cのデータ：45、47、53、55

これを図にあらわしたものが**図8.8**になります。図によってデータの大小やバラツキも直感的につかめると思います。このようにデータをグラフだけでなく図にすることも有効な手段になります。

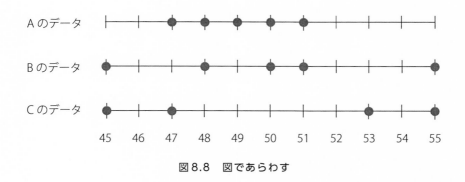

図8.8　図であらわす

❋ 便利な３つの統計手法

では次に統計手法を用いてデータを見ていきたいと思います。ここでは現場改善に便利な「平均値」「範囲」「標準偏差」の3つを紹介します。

平均値は狙いに対するズレを知るため、範囲と標準偏差はバラツキを知るための手法です。モノづくりの理想は「狙いに対してピッタリ合い」「バラツキ

はゼロ」なのですが、実際にはズレとバラツキの両方が発生します。そこでこのズレとバラツキの度合いを数値で明らかにします。

それぞれの意味と読み方は以下のようになります。

▶ 平均値　　データの中心値をあらわす。$\bar{x}$（エックス・バー）
▶ 範囲　　　バラツキをあらわす。最大値と最小値の差。R（レンジ）
▶ 標準偏差　バラツキをあらわす。すべてのデータで計算。σ（シグマ）

✳ 平均値と範囲で捉える

先に使用したA、B、Cのデータの平均値と範囲を見てみましょう。

・Aのデータ：47、48、49、50、51
・Bのデータ：45、48、50、51、55
・Cのデータ：45、47、53、55

平均値$\bar{x}$はデータ値を合計してデータの数で割ります。Aの平均値は（47＋48＋49＋50＋51）÷5＝49.0となり、BとCは同様の計算で49.8と50.0になります。もし狙いが50.0ならば、Aは大きくずれていて、Bは少しのズレ、Cはピッタリであることがわかります。しかしCは実際には50.0のデータはひとつもなくすべて狙いからはずれています。そのためにバラツキを数値化することが必要になります。

そのバラツキを範囲Rで見てみましょう。範囲Rは最大値と最小値の差になります。Aは最大値51と最小値47なので範囲Rは4で、BとCはどちらも最大値は55で最小値は45なので範囲Rは10になります。この範囲RによりAのバラツキは狭く、BとCは同じバラツキであることがわかります。

しかし先の図8.8を見れば、BよりもCの方が全体のバラツキは大きいことがわかります。このように範囲Rは簡単にバラツキを算出できる反面、最大値と最小値の2つのデータしか見ていないことで正確性は劣ります。

✳ 標準偏差で捉える

そこで標準偏差σ（シグマ）を用います。偏差とは平均値との差をあらわし、すべてのデータの偏差を平均するので標準偏差といいます。範囲Rは2つのデータしか使わなかったのに対して、標準偏差はすべてのデータを用いるのでバラツキをより正確にあらわすことができます。標準偏差の値は小さいほどバラツキも小さいことを意味します（バラツキがゼロなら標準偏差もゼロ）。

この標準偏差は表計算ソフトExcelを用いると、自動計算により一発で表示してくれます（「STDEV.S」機能を使用）が、参考までに計算の流れをCのデータ（45、47、53、55）で紹介します（**図8.9**）。

手順1）平均値との差を計算する

データひとつずつ、平均値との差を計算します。Cの平均値は50なので、（45-50）、（47-50）、（53-50）、（55-50）より「-5、-3、3、5」になります。

手順2）平均値との差を二乗して足す

上記の差を足すとゼロになってしまうので、符号をプラスにするためそれぞれを二乗します。$(-5)^2$、$(-3)^2$、3^2、5^2より「25、9、9、25」となり合計は68です（これを平方和という）。

手順1と手順2 平均との差を二乗する

	1	2	3	4	合計
Cのデータ	45	47	53	55	200
平均値との差	−5	−3	3	5	0
（平均値との差）^{2}	25	9	9	25	68

平均値は50 平方和

手順3 $$\frac{平方和}{データ数-1} = \frac{68}{4-1} = \frac{68}{3} ≒ 22.67$$ 分散

手順4 $$\sqrt{分散} = \sqrt{22.67} ≒ 4.76$$ 標準偏差

図8.9 標準偏差の計算例

手順3）データ数から1引いた数で割る

　二乗した数値の合計68をデータ数の4で割りたくなりますが「データ数から1を引いた数」で割ります（この考えが主流）。この例では、1を引いた3で割ると（25＋9＋9＋25）÷3≒22.67になります（これを分散という）。

手順4）平方根√をとる

　さきほど二乗したので、平方根√で元に戻すと$\sqrt{22.67}$≒4.76になります。この値が標準偏差になり、平均値からのバラツキを数値化できました。同じようにAとBの標準偏差を計算すると1.58と3.70になります。範囲Rでは同じであったBとCのバラツキも、標準偏差を用いることでCの方がばらついていることが明らかになりました（**図8.10**）。

　この標準偏差を用いれば、加工現場の若手社員と熟練工の加工精度のスキルや、設備の良品をつくる実力も数値化することが可能になります。

> 統計手法を用いることで
> 実力を数値化できる

データ		平均値$\overline{X}$	バラツキ	
			範囲R	標準偏差σ
Aのデータ	47 48 49 50 51	49.0	4	1.58
Bのデータ	45 48 50 51 55	49.8	10	3.70
Cのデータ	45 47 53 55	50.0	10	4.76

図8.10　3つのデータ比較

✳ 標準偏差±3σで99.7％を占める

　このように標準偏差σはバラツキを数値化できることに加えて、占有率を推定することができる便利な手法です。データが平均値付近に多く集まり平均値から離れるに従って少なくなる正規分布の場合に、標準偏差内に占める割合が統計学で明らかにされているからです。

> ▶ 平均値 ± σ　　全体の68.3%占める
> ▶ 平均値 ± 2σ　全体の95.5%占める
> ▶ 平均値 ± 3σ　全体の99.7%占める

　たとえば日本人男性30歳代の身長の平均値は171.5 cm、標準偏差は5.5 cm と公表されています（厚生労働省2020年）。このデータから、

・平均値 ± σ 　＝171.5 cm ± 5.5 cm 　（166.0〜177.0 cm）に全体の68.3%
・平均値 ± 2σ ＝171.5 cm ± 11.0 cm （160.5〜182.5 cm）に全体の95.5%
・平均値 ± 3σ ＝171.5 cm ± 16.5 cm （155.0〜188.0 cm）に全体の99.7%

を占めることがわかります（**図8.11**）。

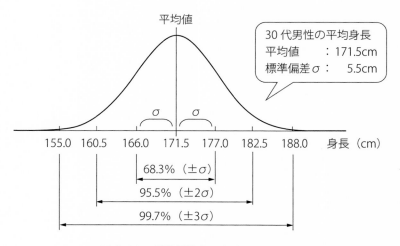

図8.11　標準偏差3σからわかること

　同様に標準偏差が0.01 mmの実力を持った加工者の良品率も、図面公差ごとに推定することが可能になります。

・図面公差 ± 0.01 mm （± σ） 　での良品率は68.3%
・図面公差 ± 0.02 mm （± 2σ） での良品率は95.5%
・図面公差 ± 0.03 mm （± 3σ） での良品率は99.7%

モノづくりでは「±3σ」が使い勝手のよいモノサシになります。前ページの例のように品質管理に用いれば図面公差が±3σと同じであれば、良品率99.7%となり1,000個つくって3個の不良レベルになるからです。一般概念としてこの99.7%の良品率は、まずまず品質管理ができていると判断される基準になっています。

　品質管理で良品をつくる能力に用いられる「工程能力指数Cp」は±3σを基準にした指数になっているのはそのためです。

　参考までに工程能力指数の計算式は、以下のとおりです。

$$
\blacktriangleright \text{工程能力指数Cp} = \frac{\text{公差の幅}}{\text{バラツキの大きさ}} = \frac{\text{規格上限値} - \text{規格下限値}}{\pm 3\sigma}
$$

　この工程能力指数Cpの数値が大きくなるほど、良品をつくる能力は高まります。

　なお図面公差が±4σと同じであれば、良品率は一気に上昇して99.994%（10万個つくって6個の不良）になり、±5σでは、1,000万個つくって6個の不良レベルになります。

8.4 改善取り組みの コツ

✳ まずはやってみよう

「製品の開発」と「モノづくり現場の改善」では、進め方が大きく異なります。製品開発では、設計段階で熟慮を重ねて完成度を高めます。取り急ぎざっくりつくって、ダメなところがわかれば後から修正するといった進め方はほぼ不可能だからです。そのために事前評価やシミュレーションをおこない、設計段階で徹底的に理想を追求しています。

それに対してモノづくり現場は人の作業が多いため、机上で考えても答えがでないことも珍しくありません。たとえば箱に入った部品を取り出す際に、箱の最適な大きさや最適な置き場所を机上で考えても答えは出ません。ではどうすればよいでしょうか。

それには実際に現場で試してみるのが一番です。まずはエイヤッとひとつ作って自分で試し、作業者の方にもやってもらいます。その中でワイワイガヤガヤと話し合いながら作業しやすい条件を見つけます。このように現場改善はある程度考えたら、すぐに試してみましょう。

✳ 時間制限でお願いする

現場で新しいことを試してみる際に、作業者によっては強く抵抗感を持つ方もおられます。いまのやり方に慣れているので、その気持ちはよくわかります。しかし試してみなければ改善の効果はわからないので、その際には時間を区切ってお願いすることをお奨めします。

「いまから1時間だけこの新しいやり方でお願いします。その間はわたしも隣にいますから、問題あるようならすぐに対応します」と依頼すれば大丈夫です。1時間ならまあいいか、という気持ちになるものです。この1時間で感触

はつかめるので、1時間たったら作業者に以前のやりかたとの違いを聞いてみます。この時点で作業者の抵抗感はずいぶんと和らいでいると思うので、特に問題がなければ作業を続けてもらいながら、さらによいやり方はないかをざっくばらんに意見交換します。

✹ ダメだったら元に戻せばよいだけ

しかし残念ながら思っていた効果がでないことや、ときには悪化してしまうことがあるかもしれません。そのときには元に戻せばよいだけです。

このダメだった理由や原因がとても貴重な情報になるので、再度アイデアを考えなおします。何度でも再起復活できるのが現場改善のよいところでもあり、おもしろさでもあります。

はじめから100点満点を狙う必要はありません。60点が狙えるならぜひ試してみてください。

✹ つくりやすさを事前に発信するDR

図面や仕様書どおりにつくるのがモノづくり現場の使命です。しかし加工や組立や調整がやりにくい設計であれば、効率よくつくる足かせになってしまいます。一方、現場で問題が判明してからの設計変更は難しいのが実情です。設計変更すると信頼性評価もやり直しとなり日程が大幅に遅れてしまうことや、顧客にすでに承認をもらっているためです。

この対応策のひとつがデザインレビュー（Design Review）です。略してDR（ディー・アール）といい、日本語では「設計審査」になります。

このDRは設計をおこなっている段階で、設計品質である顧客に対する「完成品の品質」とモノづくり現場に対する「つくりやすさの品質」を高めるしくみです。

この会議に参画するのは設計部門に加えてモノづくり現場の加工者、組立者、調整者、品質管理部門、生産管理部門、営業部門の担当者で、それぞれの自身の専門分野の視点から設計内容を確認し、具体的なアドバイスを送ります。

　設計者はどうしても顧客に対する品質を優先させてしまうので、現場担当者からのつくりやすさのアドバイスはとても貴重な情報になります。この情報を設計段階で盛り込むことにより設計品質を高めます（**図8.12**）。

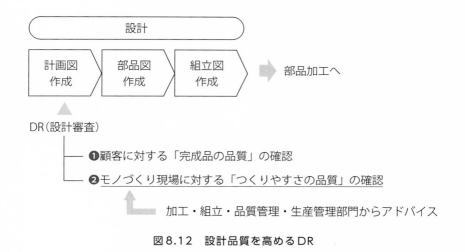

図8.12　設計品質を高めるDR

❋ DRをうまく進めるコツ

　DRは「設計審査」と訳すので設計内容の適否を判断する場のように思えますが、決して審査ではありません。会社全体でいいモノをつくるための協同作業の場になります。

　DR会議をうまく進める鍵となるのは司会者です。モノづくりの現場の参加メンバーからアドバイスを引き出すことがポイントです。たとえば設計者の発表内容に対して加工担当者から「これではダメです。加工できません」という指摘があったなら、具体的にどうすれば加工しやすくなるのかをアドバイスしてもらいます。専門家は必ず解決策を持っているので、これを設計者に伝えることがDRの狙いです。適否だけ指摘されても設計者はどう対処してよいかわからないのです。

❋ 個人による提案制度のコツ

　チームで取り組む改善とは別に、個人で考えた提案や実際におこなった改善結果を報告してもらう制度も大いに有効です。はじめはどんな小さな改善でもよいので、たとえばひと月に1件を目安に報告してもらいます。これにより普段の作業の中で「改善の眼」が育ちます。

　前述したチームでの改善活動は品質改善や原価低減といった具体的なテーマをあげて取り組みますが、個人による提案制度では「楽に仕事ができること」「安全に仕事ができること」といったゆるいテーマが適しています。

　「工具箱の置き場を利き手の右側に換えた」「ゆるんでいたねじを締め直した」「ポリタンクを載せる台にキャスタをつけた」「作業机の角に安全クッションを取り付けた」「スキマ風が気になるのでスキマをガムテープで目止めした」など、ほんの小さなことでもモノづくりの作業環境に大いに貢献します。

　こうした個人でおこなう小さな改善では、原因の分析は無くてもよしとします。この事例で原因を分析すると、なぜ工具箱は左に置かれていたのか、なぜポリタンク台にキャスタが付いていなかったのかを調べることになりますが、これは意味のないことです。小さな改善では「結果良ければすべて良し」でよいと思います。

❋ 提案制度のお奨めフォーマット

　この個人による提案制度のお奨めフォーマットは、A4サイズ1枚で「改善内容」を簡単に記入できることが大切です。一番シンプルなのは「改善前」と「改善後」の2欄のみのものです。文字で書いてもよいし、手描きのイラストでもよいし、スマートフォンで撮影した写真を貼り付けてもOKとします。とにかく簡単に気軽に書けることがポイントです。

　一方、避けたいのは「改善によるコストダウン額を記入する欄」を設けることです。個人レベルでおこなう提案ではコストを数値化できない改善が多いので、提案する気力が失せてしまいます。コスト効果が見込めると判断したときは、管理監督者も一緒になって試算すればよいのです。

❉ 質よりも量を重視する

　提案制度が長く続くと「これからは量よりも質を上げるように」という声が出てくることがありますが、これには賛成しかねます。

　量と質の関係はこの提案制度だけでなく、仕事全般にいえるのですが、「量を出すから質が上がる」のです。たくさんの量の中に、ピカリと光る質が混ざってきます。量を減らせば必然的に質も落ちていくのです。

　もうひとつの理由は、質を上げるようにといわれた途端に提案しにくくなってしまうためです。質を上げろといわれているのに、スキマ風が気になるからガムテープで目止めしたとは書けません。だからこそ量が大事なのです。

❉ 毎日のデータ取りを再考する

　作業者が毎日データ取りしているケースもよく見受けられます。このデータを何に使っているのかを再考してみてください。

　多くの場合、現場で手書きしたデータ用紙はスタッフ室に届けられます。そこでExcelシートや生産管理システムに入力されます。本来大切なことは、この情報を元にして何らかの判断やアクションをおこなうことです。

　しかし実態はこれらの情報を「見ているだけ」ということも少なくありません。見るだけで何もしないのでは、宝の持ちぐされです。現場で記録するムダ、データ処理するムダ、情報を回覧するムダ、見るだけのムダになってしまいます。こうした損失コストは無視できません。

　いま一度、現在のデータをどのように活かしているのかを確認してみて下さい。活かせていないのならば、まずはデータ取りをいったんやめて、再度必要なデータ項目とその活用方法を検討します。

維持のしくみ
づくり

❋改善と維持

改善はいままでのつくり方を変えるので、新たなつくり方を維持しなければなりません。維持するための手順は、次の3ステップになります。

---

1) 作業手順を決める
2) 作業標準書にまとめる
3) 作業者に教育・訓練をおこなう

❋作業手順を決める

作業手順が決まっておらず作業者任せにしている現場を時おり見かけます。これでは個人差が生じるのでQCDが安定しません。必ず作業手順を決めてください。たとえば「碁盤の目のプレートに部品を詰める」という簡単な作業でも、プレートの置き場、部品箱の置き場、部品の取り出し方、碁盤の目への挿入順序まで細かく決めることが必要です。

この作業手順は、管理監督者やリーダーが中心になって考えてください。第5章で紹介した「7つのムダ」や「動作経済の4原則」を強く意識して、ワイワイガヤガヤ試しながら手順を絞り込んでいきます。

❋作業標準書にまとめる

作業手順が決まったら、その内容を作業標準書にまとめます。「誰もが同じように作業できること」が大事なので、作業を分解して詳細に記述します。しかし詳細に記すほど文章が多くなり、読みにくくなるという困りごとがでてきます。そこで図や写真や手描きのイラストの併用がお奨めです。イラストが上

手な方に協力してもらえれば、堅い標準書もやわらかくなり理解が進みます。

　また動画の活用も効果的です。標準的なスピードで作業できる方を選んで撮影します。はじめは照れくささもありますが、普段の作業の中で撮れば、すぐに緊張も消えて自然体で撮影することができます。撮った動画に文字を入れることも簡単にできるので、作業のポイントや注意事項を入れるとわかりやすいツールになります。この動画はわかりやすさだけでなく、文章で書くよりも短い時間で作成できることも魅力のひとつです。

✳ 教育と訓練は別物

　一般に「教育訓練」は四文字熟語であらわしますが、モノづくり現場では「教育」と「訓練」は区別して使うことが大切です。

▶ 教育とは　知らないことを伝えること

▶ 訓練とは　伝えたことがきちんとできるようになること

　作業者にはこのふたつを指導することが必須です。まずは作業標準書や動画を一緒に見ながら手順を説明します。次にその手順どおりに目の前でやって見せます。知らないことを伝える、これが教育です。

　しかし知ることと、できることは別物です。はじめてスノーボードをする人に板の上での体重のかけ方を伝えても、実際に滑れるかどうかは別の話であることと同じです。そこで訓練をおこないます。

　まずは伝えた手順どおりにやってもらいます。どんなに簡単な作業でもはじめは戸惑うものです。気づいた点をアドバイスしながら、定められた品質を確保できることを確認します。習熟するまではスピードは求めてはいけません。スピードを優先すると品質が犠牲になるリスクが高くなるからです。

　遅くても良いので手順どおりに作業してもらいます。経験を重ねればスピードは自然に上がっていきます。習熟してもスピードが目標に達しない場合には、作業方法に問題がないか、ひとつずつの作業を見ながら確認します。

✳ 教育と訓練をもう一度確認する

　以上の「作業標準」と「教育・訓練」はモノづくりの基本となるので、現状をもう一度確認してみてください（**図8.13**）。もしかすると作業標準が決まっていないかもしれないし、あいまいな表現や数値化できていない箇所があるかもしれません。新人さんでも実践できるように記載されているのかの視点で確認します。

　もし見直しの分量が多く時間を必要とする場合には、片っ端から見直すよりも、注文が入ったものから順番に取り組むのがお奨めです。そうすれば取り組みをはじめてから3か月で半分近くを見直しできて、半年たてばほぼ完了するといった進め方です。

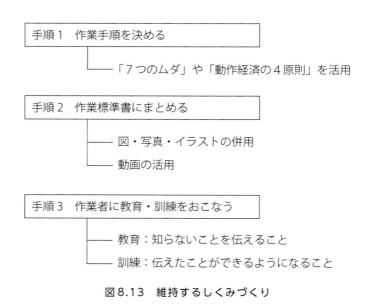

図8.13　維持するしくみづくり

❋習熟したら次の改善に

　作業に習熟すれば心の余裕もでてくるので、さらによいやり方はないか、楽にできるやり方はないかを作業者に提案してもらいます。最初の作業手順は管理監督者が中心になって考えますが、ここからの改善提案は実際に担当している作業者が主人公です。作業している本人の方が格段にアイデアを出しやすいからです。先に紹介した提案制度の活用もひとつの方法です。

　提案を受ければさっそく試して効果を確認します。期待した効果があれば、作業手順書を改訂して、新たな手順を教育・訓練します。これを繰り返すことで効率のよいモノづくりを目指します（**図8.14**）。

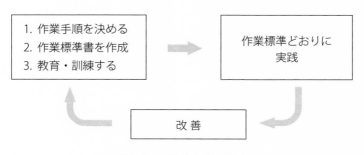

図8.14　改善を繰り返す

❋大事なことは語りかけとほめること

　ここまで改善したつくり方を維持するしくみを紹介しました。最後に大事なことをお伝えします。管理監督者やリーダーの方へのお願いとして、モノづくり現場のメンバーにできるだけ話しかけて、ほめてほしいと思います。

　開発系や営業系では、新製品を開発した、大口の注文をもらってきたというように成果が直接見えることも多いのですが、モノづくり現場ではこうした目立った成果はないので、ほめてもらう機会がほとんどありません。しかし、決められたことをきちんと実行することが、どれほどすごいことか。

　現場に出たら気軽に話しかけて、その中でほめるということをぜひお願いします。

8.6 安全が最優先

✳ 安全の確保とハインリッヒの法則

　本章の最後に安全について紹介します。QCDに安全SafetyのSを加えて QCDSとして展開する企業もあります。「自分の安全は自分で守る」「仲間から ケガ人を出さない」ために、安全第一はモノづくりの基本中の基本になりま す。職場での安全だけでなく、通勤途上での安全、プライベートの時間での安 全を確保します。

　安全に関してよく知られているのは「ハインリッヒの法則」です。これは1 つの重大事故の背景には29件の軽微な事故があり、この29件の軽微の背景に は300件のヒヤリ・ハットがあることを示しています（**図8.15**）。ヒヤリ・ハッ トとは、災害や事故にはつながらなかったものの、ヒヤリとしたことやハッと したことを意味します。「曲がり角で人とぶつかりそうになった」「脚立が倒れ そうになった」「機械に手が巻き込まれそうになった」「加工のバリで指先を切

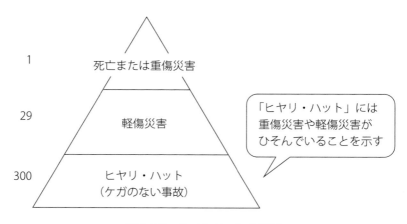

図8.15　ハインリッヒの法則

りそうになった」といった危険です。すなわちヒヤリ・ハットが300件発生する環境では、29件の軽微な事故と1件の重大事故が発生するという意味なので、ヒヤリ・ハットを無視せずにしっかり対策を打つ大切さを示しています。

✳ ハードでの安全確保

　自分の安全は自分で守るうえで、ハード（作業具・設備）とソフト（意識）の両面の取り組みをおこないます（**図8.16**）。ハード面では、現場で定められたユニホームや保護具をきちんと装着することです。設備への巻き込みを防止するために「ボタンはきちんと留める」「軍手はしない」、転倒防止に「作業靴のかかとを踏まない」、切りくずから目を守るために「安全メガネを着用する」といった安全対策をとります。

　設備においても「安全カバーの設置」や、開閉カバーにはセンサをつけて「カバーが開けば停止」するといった安全機能を盛り込みます。特に非常停止ボタンは瞬時に停止する必要があるので、押しやすいようにキノコ型ボタンを採用し、前面の操作パネルだけではなく、必要であれば設備の両サイドや後面にも設けます。

```
┌─────────────────────────┐
│ 自分の安全は自分で守る │
└─────────────────────────┘
     ├── ❶ハード（作業具・設備）での対応
     │        ・定められたユニホームや作業具の着用
     │        ・安全カバーの設置
     │        ・両押しボタン、遮光センサの設置
     │        ・故障時に安全側に働くフェールセーフ設計など
     └── ❷ソフト（意識）での対応
              ・指差し呼称の徹底
              ・危険予知訓練 KYT の実施
```

図8.16　安全を確保する

✳ 安全のポカヨケとフェールセーフ

うっかりした作業ミスを防ぐポカヨケについて第5章（5.3）で紹介しましたが、安全対策としてのポカヨケも大変効果的です。プレス装置には必須となっている両押しボタンはこの代表例です。左右に押しボタンを設置しておき、左右2つの押しボタンが同時に押されてはじめてプレスが作動する制御になっています。すなわち片方の押しボタンだけでは動きません。この理由は左右の押しボタンを押せば両手は必ず押しボタンの上にあるので、プレス金型に手が巻き込まれることを防ぐという考えです。

しかし第三者が横から手を入れると大ケガをするため、両押しボタンに加えてプレス金型の前面にエリアセンサを設けて、手が入ってセンサ光が遮断されるとプレス動作を停止させます。このように二重の安全対策になっています。

また停電や誤動作といった予期せぬトラブルが発生した際には、設備が安全側に働く機能をフェールセーフといいます。何よりも人の安全を最優先にする設計です。転倒すると自動消火するストーブや、停電やトラブル時には遮断棒が下がった状態になる遮断機もこのフェールセーフの例になります。

✳ 指差し呼称での安全確保

労働災害の多くは、人のミスであるヒューマン・エラーが原因といわれています。これは意識の問題なので対策が難しいと感じるのですが、効果絶大な対策が第5章（5.3）で紹介した「指差し」と「呼称」です。

「前方、ヨシ！」、「電源、ヨシ！」というように、対象を指で差して、声を出して確認をとります。「指を差すことで腕の筋肉が大脳を刺激する」「指す場所を見ることで大脳を刺激する」「声を出すことで聴覚も刺激する」といった効果が明らかになっています。

このように指差しと呼称の両方をおこなえば、何もしない場合と比べてミス率は6分の1以下になった実験結果も出ています。モノづくり現場にもぜひ取り入れてください。

❈ 危険予知訓練KYTとは

安全確保のための訓練のひとつに、危険予知訓練があります。危険のK、予知のY、訓練（トレーニング）のTをとって、KYT（ケー・ワイ・ティー）といいます。この訓練は危険に対する感性を高めることを目的としています。

職場でチームをつくりイラストシートを見ながら、そこにひそむ危険を見つけて対策を考える方法です。これを定期的に繰り返すことで、実務における危険への感度を高めます。

❈ 危険予知訓練KYTの概要

1チーム5名前後で、司会と書記をひとりずつ決めます。市販の危険予知訓練のイラストシート集から毎回1シートをテーマにします。

1）イラストシートを見ながら、どんな危険が潜んでいるかを抽出する
2）抽出した危険の中から重要と考えるものをひとつ絞り込む
3）絞った危険に対して、どう対応すべきか対策案を出しあう
4）対策案の中からチーム行動目標を決め、指差し呼称をおこなう

という流れです。

慣れれば10分ほどで実施できるので、毎週月曜日の朝礼後など決まった日時におこなうのがお奨めです。

コンパクトにまとまったテキストとイラストシートは、中央労働災害防止協会から市販されています。以下はお奨めの書籍です。

「ゼロ災実践シリーズ・危険予知訓練」A5判、2015年
「危険予知訓練イラスト・シート集」B5判、2010年

8.7 強いモノづくりを目指す

❄ ムダを省いた次は流れをつくる

いよいよ本書も終わりになりました。ここまでモノづくり現場のあるべき姿とムダの削減を中心に解説してきました。ムダを省いたら、次に流れをつくります（**図8.17**）。

工程内の流れ、工程間の流れ、工場内の流れ、仕入先と顧客も含めた一気通貫の流れです。この流れは川をイメージするとよいと思います。急流の川ではなく、ゆったりサラサラと流れる川です。

いまのモノづくりは、どのような流れになっているでしょうか。在庫でじっと止まっていると思ったら、工程に入った途端に急流のように流れて、またピタッと止まって滞留していませんか。滞留すると水は濁ってしまいます。

ゆったりと流れる水はちょっと見たところ遅く感じますが、止まることもなくよどみなく海につながっています。この水と同じようにモノを流せることが理想です。ぜひ強いものづくりを目指していきましょう。

ゆったりと流れる川のように「一気通貫の流れ」を目指す！

図8.17　強いモノづくりを目指す

❋ おすすめ書籍の紹介

多くある良書の中から個人的に一読をお奨めする本を紹介します。

1)『生産マネジメント入門Ⅰ』藤本隆宏著、日本経済新聞出版、2001年

モノづくりについてこの本ほど「論理的で」「詳細に」書かれた書籍を他には知りません。ここに紹介する書籍の中では一番のお奨め本ですが、400ページ近い大ボリュームです。思い切って近くの図書館に閉じこもって赤鉛筆を片手に読破するのもいいかも知れません。巻末の参考文献一覧で専門書がわかります。Ⅰ巻とⅡ巻があり、まずⅠ巻を。

2)『日本のもの造り哲学』藤本隆宏著、日本経済新聞出版、2004年

上記と同じ著者です。決算発表などで少しでも業績が悪化するとすぐに日本のモノづくり力が落ちていると大騒ぎするマスコミ論調に対して、藤本先生はいつも冷静に知見を述べられています。モノづくり現場へのメッセージはわたしたちへの応援歌と感じます。これを読めば日本のモノづくりの強みと弱みを新たな視点でつかむことができる目からウロコ本です。経営学に近い内容。

3)『トヨタ生産方式』大野耐一著、ダイヤモンド社、1978年

効率よくモノづくりをおこなうための「考え方」が製造業だけでなくサービス業にも参考にされています。本書はトヨタ生産方式の生みの親である大野耐一氏（1912年-1990年、元トヨタ自動車工業副社長）ご本人の著書でバイブルの位置づけになります。具体策の紹介ではなく、トヨタ生産方式の思想とそこに至る歴史的な背景が解説されています。200ページと手軽なボリュームなので、行き帰りの通勤時間に読めると思います。

4)『ザ・トヨタウェイ上・下』ジェフリー・K・ライカー、稲垣公夫訳、日経BP社、2004年

またトヨタかと言われそうですが、上記の大野耐一氏の考えをより具体的に

解説しています。書店でトヨタ生産方式のタイトルがついた本を手にすると、冒頭からカンバン方式の解説をしているものが見受けられますが、これはトヨタ生産方式の本質ではありません。本書は効率のよいモノづくりについてバランスよく紹介しています。もう少し図表があるとわかりやすいのですが。

5）『ものづくりの科学史』橋本毅彦著、講談社学術文庫、2013年

サブタイトルが「世界を変えた標準革命」とあるように、標準化がいかに大きな影響を世の中に与えてきたかを、歴史を振り返りながら紹介しています。クルマの生産方式や科学的管理法の生みの親テイラーの話もわかりやすく解説されています。この本を読んでおもしろく感じたなら『ねじとねじ回し』（ヴィトルト・リプチンスキ著、春日井晶子訳、早川書房、2010年）もお奨めです。この一千年で最高の発明と言われるねじについての物語です。

6）『佐藤可士和の超整理術』佐藤可士和著、日経ビジネス人文庫、2011年

セブンイレブンやユニクロのブランディングで活躍されているアートディレクター佐藤氏の著書です。タイトルに「整理」とあるように整理方法に焦点をあてた本です。モノだけでなく情報の整理と思考の整理について具体的に書かれており、整理が仕事の本質であることを実感できます。「毎週月曜日の朝はMacの中のデータを整理すること。午前中いっぱいかかってもいいから、納得いくまですっきりさせるようにスタッフに徹底させている」というあたりはうれしくなってしまいます。文庫本なので出張のときにでもカバンの中へ。

7）月刊雑誌『工場管理』日刊工業新聞社

多くの他社事例を知ることは現場改善をおこなううえでとても参考になります。それには本誌がお奨めです。成功例だけではなく、改善を進める中での苦労話は共感と同時に元気づけられます。月刊誌なので旬な話題も豊富です。読み方としては、最初から最後までびっしり読破するというよりは、タイトルや図表を見て「ピン」と感じたら熟読するスタンスがよいかと。

おわりに ・・・・・・・・・・・・・・・・・・・・・・・・・・・・・・・・・・

　現場改善をひとことで言えば「ムダ取り」になります。ムダをゼロにすることはとても難しいのですが、少しずつ改善して筋肉質な強いモノづくり現場を目指したいものです。

　誰しも現状に慣れているので、変わることには抵抗を感じます。でもいまよりも楽になればこの抵抗感は消えていき、改善のおもしろさがわかってきます。また改善の取組みは、問題を解決する力や現場のメンバーを動かす指導力もついていくことを強く感じます。一粒で二度、三度おいしい活動です。

　その一方、プライベートは現場改善とは真逆で、ムダの無い生活では息が詰まる感じです。いかに多くの余裕のある時間を持って自分の時間を過ごすのかが大事なことに思います。

　最後に一言。ふとしたときに思いついた「直感」は大事になさってください。根拠のないヤマ勘とは違い、経験を積んだ直感はきっとよい結果をもたらしてくれると思います。みなさまのさらなるご活躍を願っています。

　前著『はじめての治具設計』に引き続き本書の企画をいただいた土坂裕子氏と、編集で温かくバックアップくださった岡野晋弥氏に、心より厚く御礼申し上げます。

令和三年初秋　西村仁

索引

INDEX

●著者紹介

西村　仁（にしむらひとし）

ジン・コンサルティング代表 / 生産技術コンサルタント

立命館大学大学院 経営管理研究科（ビジネススクール）非常勤講師

http://www.jin-consult.com

●略歴

1962年生まれ 神戸市出身

1985年 立命館大学 理工学部機械工学科卒

2006年 立命館大学大学院 経営学研究科修士課程修了

株式会社村田製作所の生産技術部門で21年間、電子部品組立装置や測定装置等の新規設備開発を担当し、村田製作所グループ全社への導入設備多数。工程設計、工程改善、社内技能講師にも従事。特許多数保有。

2007年に独立し、製造業およびサービス業での現場改善による生産性向上支援、及び技術セミナー講師として教育支援をおこなう。

経済産業省プロジェクトメンバー、中小企業庁評価委員等歴任。

●著書

「図面の読み方がやさしくわかる本」2010年、日本図書館協会選定図書

「図面の描き方がやさしくわかる本」2011年

「加工材料の知識がやさしくわかる本」2013年

「機械加工の知識がやさしくわかる本」2016年

「機械設計の知識がやさしくわかる本」2019年

　　以上、日本能率協会マネジメントセンター（台湾でも翻訳出版）

「基本からよくわかる品質管理と品質改善のしくみ」2015年、日本実業出版社

「はじめての治具設計」2019年、日刊工業新聞社

「1冊で学ぶ材料・加工・図面の初歩」2022年、日経BP

はじめての現場改善 NDC509.6

2021年11月18日　初版1刷発行
2024年9月20日　初版4刷発行

定価はカバーに表示されております。

ⓒ著　者　西　村　　　仁
　発行者　井　水　治　博
　発行所　日刊工業新聞社

〒103-8548　東京都中央区日本橋小網町14-1
電話　書籍編集部　　03-5644-7490
　　　販売・管理部　03-5644-7403
　　　FAX　　　　　03-5644-7400
振替口座　00190-2-186076
URL　https://pub.nikkan.co.jp/
e-mail　info_shuppan@nikkan.tech
印刷・製本　新日本印刷株式会社（POD3）

はじめての治具設計

西村 仁 著　定価 (2,200 円＋税)

ISBN 978-4-526-08021-0

　治具の狙いをひと言でいえば、「楽に作業するため」です。楽に作業できれば「品質が上がって」「早く作業ができて」「安くつくれる」のです。

　治具を設計する上で必要な知識は「メカ設計の知識」と「作業設計の知識」の二本柱。機械の設計はメカ設計の知識だけで良いのですが、治具を使う主体は人なので、楽にできる作業性がとても大切です。これが「作業設計」になります。

　本書では、治具をはじめて設計する方や、基礎をきちんと学んでみたいと思っている方を対象に、メカ設計と作業設計を解説します。